Andrea Kiesel · Iring Koch

Lernen

Basiswissen Psychologie

Herausgegeben von
Prof. Dr. Jürgen Kriz

Wissenschaftlicher Beirat:
Prof. Dr. Markus Bühner, Prof. Dr. Thomas Goschke, Prof. Dr. Arnd Lohaus,
Prof. Dr. Jochen Müsseler, Prof. Dr. Astrid Schütz

Die neue Reihe im VS Verlag: Das Basiswissen ist konzipiert für Studierende und Lehrende der Psychologie und angrenzender Disziplinen, die Wesentliches in kompakter, übersichtlicher Form erfassen wollen.

Eine ideale Vorbereitung für Vorlesungen, Seminare und Prüfungen: Die Bücher bieten Studierenden in aller Kürze einen fundierten Überblick über die wichtigsten Ansätze und Fakten. Sie wecken so Lust am Weiterdenken und Weiterlesen.

Neue Freiräume in der Lehre: Das Basiswissen bietet eine flexible Arbeitsgrundlage. Damit wird Raum geschaffen für individuelle Vertiefungen, Diskussion aktueller Forschung und Praxistransfer.

Andrea Kiesel · Iring Koch

Lernen

Grundlagen der Lernpsychologie

VS VERLAG

Bibliografische Information der Deutschen Nationalbibliothek
Die Deutsche Nationalbibliothek verzeichnet diese Publikation in der
Deutschen Nationalbibliografie; detaillierte bibliografische Daten sind im Internet über
<http://dnb.d-nb.de> abrufbar.

1. Auflage 2012

Alle Rechte vorbehalten
© VS Verlag für Sozialwissenschaften | Springer Fachmedien Wiesbaden GmbH 2012

Lektorat: Julia Klös | Eva Brechtel-Wahl

VS Verlag für Sozialwissenschaften ist eine Marke von Springer Fachmedien.
Springer Fachmedien ist Teil der Fachverlagsgruppe Springer Science+Business Media.
www.vs-verlag.de

Umschlaggestaltung: KünkelLopka Medienentwicklung, Heidelberg
Umschlagbild: René Mansi / istockphoto
Druck und buchbinderische Verarbeitung: Ten Brink, Meppel
Gedruckt auf säurefreiem und chlorfrei gebleichtem Papier
Printed in the Netherlands

ISBN 978-3-531-17607-9

Inhalt

Vorwort

Das vorliegende Buch erläutert die Grundlagen der Lernpsychologie auf einfache und verständliche Art. Es soll Studierenden der Psychologie und benachbarter Fächer wie Pädagogik und Biologie eine Einführung in die psychologische Forschung zum Thema Lernen geben. Unser Ziel war es, dem Leser eine übersichtliche, möglichst repräsentative Auswahl zur Forschung im Bereich Lernen und einen gut ausgewogenen Überblick über eher historische und aktuelle Forschung zur Lernpsychologie zu geben.

Wir möchten uns bei unseren Kollegen bedanken, die uns wertvolle Anregungen bei der Erstellung des Buches gegeben haben. Herzlichen Dank an Merim Bilalic, Julia Klös, Jürgen Kriz, Roland Pfister, Carsten Pohl, Michael Waldmann und Matthias Weigelt für die vielen hilfreichen Anmerkungen und Verbesserungsvorschläge. Weiterhin bedanken wir uns bei Andrea Albert, Silvia Jahn, Marina Kiesel und Johannes Rodrigues für Korrekturen am Text und Literaturverzeichnis.

Andrea Kiesel und Iring Koch   Würzburg und Aachen, August 2011

1 Einleitung

Wenn man den Begriff *Lernen* liest, dann mag einem zunächst das Lernen in der Schule in den Sinn kommen, also das Lernen von Vokabeln, von Geschichtsdaten oder von mathematischen Formeln. Schulisches Lernen ist aber nur ein sehr kleiner Teil dessen, was Lernen umfasst. Säuglinge lernen, sich koordiniert zu bewegen, Kleinkinder lernen zu laufen und zu sprechen. Kinder lernen Regeln beim Spielen und im sozialen Umgang, aber auch motorische Fertigkeiten, wie Fahrradfahren und Schwimmen. Erwachsene lernen, mit neuen Techniken umzugehen und zum Beispiel neue Computerprogramme zu beherrschen. Und ältere Menschen müssen lernen, mit körperlichen und geistigen Einschränkungen umzugehen und Geräte zur Unterstützung des Alltagslebens zu verwenden. Kurzum – wir lernen unser ganzes Leben.

1.1 Lernen – Definition und Abgrenzung

Eine weitgehend akzeptierte *Definition von Lernen* beschreibt Lernen als einen *Prozess, der als Ergebnis von Erfahrungen relativ langfristige Änderungen im Verhaltenspotential erzeugt* (vgl. Anderson, 2000). Diese auf den ersten Blick sperrige Definition lässt sich leicht verstehen, wenn man sie in einzelne Bestandteile zerlegt. Lernen ist ein Prozess der Veränderung. Das Resultat dieses Prozesses ist die Veränderung des Verhaltenspotentials. Die Veränderung des Verhaltens ist der Indikator für Lernen, denn nur dann kann Lernen von Psychologen beobachtet werden. Hat eine Person etwas gelernt, ohne dass dies jemals Ausdruck im Verhalten findet, kann ein Lernforscher niemals auf den Lernprozess rückschließen. Lernen muss sich aber nicht immer unmittelbar durch Änderungen des Verhaltens ausdrücken, deshalb begnügt sich die Definition damit, dass sich das Verhaltenspotential des Lerners ändert. Dabei werden aber nur relativ langfristige Änderungen des Verhaltenspotentials als Lernen bezeichnet. Kurzfristige Veränderungen wie Ermüdung oder die Wirkung von

Drogen werden durch diese Definition ausgeschlossen. Und schließlich beruht Lernen auf Erfahrung. Das heißt, körperliches Wachstum und Reifung werden nicht als Lernen klassifiziert, obwohl diese Prozesse ebenfalls zu relativ langfristigen Verhaltensänderungen führen können. Der Lernprozess selbst kann nicht beobachtet werden. Stattdessen werden Veränderungen des Verhaltens bzw. angepasstes Verhalten als Indikatoren für Lernprozesse gesehen. Durch diesen Rückschluss kann es aber auch zu falschen Interpretationen von Verhaltensänderungen kommen. Ein sehr bekanntes Beispiel ist der Bericht über den klugen Hans.

Der *kluge Hans* war ein Pferd, das zu Beginn des 20. Jahrhunderts bekannt wurde, da es angeblich zählen und rechnen konnte (Lück & Miller, 2006). Stellte man dem Pferd Rechen- oder Zählaufgaben, so beantwortete es diese durch Scharren mit den Hufen und Nicken oder Schütteln des Kopfes. Nach vielen Untersuchungen fand Oskar Pfungst eine einfache Erklärung (Pfungst, 1907). Das Pferd Hans konnte Aufgaben nur dann lösen, wenn der Fragende selbst die Antwort wusste. Deshalb schloss Pfungst, dass Hans nicht Rechnen konnte, sondern auf feine Änderungen des Gesichtsausdrucks und auf die Körpersprache der fragenden Person reagierte. Er nahm an, dass der Fragende eine gespannte Körperhaltung einnahm, wenn sich die Anzahl des Hufscharrens der richtigen Antwort annäherte und dann Signale der Erleichterung zeigte, wenn die richtige Antwort erreicht war. Das Verhalten des Pferdes Hans scheint also eher das Lernen nonverbaler Kommunikation widerzuspiegeln statt des Lernens mathematischer Fertigkeiten.

1.2   Anfänge der Lernpsychologie

Historisch ist die Psychologie des Lernens eng mit dem Begriff der *Assoziation* verbunden. Dieser Begriff hat eine lange Tradition und wurde bereits von Aristoteles verwendet. Er ging z. B. davon aus, dass zwei Dinge oder Ereignisse miteinander assoziiert werden, wenn sie zeitlich benachbart sind, wie etwa Blitz und Donner. Auf der Basis solcher Ideen entwickelte sich im 19. Jahrhundert die philosophische Richtung des *Assoziationismus*, d. h. die Lehre, dass psychologische Vorgänge im Wesentlichen auf Assoziationsbildung beruhen. Diese historischen Wurzeln bilden den Hintergrund, auf dem die Pioniere der systematischen, empirisch-experimentellen Erforschung des Lernens ihre bahnbrechenden Entdeckungen gemacht haben (vgl. Brysbaert & Rastle, 2009).

Als Pioniere der experimentellen Erforschung des Lernens sind besonders Ivan P. Pavlov und Edward L. Thorndike hervorzuheben. Während Pavlov die Physiologie des Verdauungssystems des Hundes untersuchte, entdeckte er, dass reflexartige Reaktionen, wie etwa der Speichelfluss, durch geeignete Lernprozeduren nicht nur durch ihren natürlichen Auslösereiz (z. B. Futter) ausgelöst werden können, sondern auch durch vorher diesbezüglich neutrale Reize, wie etwa einen auditiven Stimulus (z. B. ein Glockenton). Dieser sogenannte *bedingte Reflex* (oder *konditionierte Reaktion*; *conditioned response*, CR) kann mit der experimentellen Prozedur der später sogenannten *klassischen Konditionierung* untersucht werden, wobei der Lerneffekt am zuverlässigsten eintritt, wenn der neutrale Reiz dem natürlichen Auslösereiz (d. h. dem *unkonditionierten Stimulus*, siehe Kapitel 2) zeitlich vorausgeht. Erklärt wurde dieser Lerneffekt von Pavlov (1927) dadurch, dass er einen Prozess der Assoziationsbildung angenommen hat, der auf der Basis der zeitlichen Koppelung des neutralen und des unkonditionierten Reizes eine neue Assoziation zwischen dem neutralen Reiz und der Reaktion bildet. Diese Annahme legt also nahe, dass beim klassischen Konditionieren eine neue Reiz-Reaktions (stimulus-response, S-R) Assoziation gebildet wird. In späteren Kapiteln (insbesondere Kapitel 4) dieses Buchs werden wir allerdings sehen, dass diese Annahme mittlerweile nicht mehr aufrechterhalten wird.

Zu Beginn des 20. Jahrhunderts hat Thorndike (1911) experimentelle Studien zum Lernen an Katzen durchgeführt. (Pavlovs bahnbrechende Arbeiten wurden bereits um die Jahrhundertwende durchgeführt, aber erst ungefähr ein Vierteljahrhundert später, 1927, vom Russischen ins Englische übersetzt.) Er fand heraus, dass Katzen lernten, sich erfolgreich aus einem Käfig zu befreien und mit zunehmenden Lerndurchgängen immer schneller wurden. Dieses Lernen erklärte er dadurch, dass in einer bestimmten Stimulussituation dasjenige Verhalten, das erfolgreich ist, mit dieser Stimulussituation assoziiert wird, und dass diese S-R Assoziation das Verhalten zunehmend bestimmt (siehe Kapitel 2). Dieses allgemeine Prinzip, d. h. dass erfolgreiches Verhalten dazu tendiert, in der gleichen Situation zunehmend häufiger ausgeführt zu werden, hat Thorndike als das sogenannte *Gesetz der Wirkung (Law of Effect)* bezeichnet.

Diese Pionierleistungen der assoziationistischen experimentalpsychologischen Lernforschung haben insbesondere in den USA eine starke Forschungsrichtung in der Psychologie hervorgebracht, die unter dem Namen *Behaviorismus* (Watson, 1919) bekannt wurde. Die Grundidee des Behaviorismus besteht darin, dass eine wissenschaftliche Psychologie im Wesentlichen das Verhalten erforschen sollte und die Bedingungen finden muss, die dazu führen, dass sich Verhalten ändert und an Umweltbedingungen anpasst. Dadurch ist die Grundidee des Behaviorismus eng mit der Psychologie des Lernens verknüpft, weil Lernen ja, wie oben beschrieben, als relativ langfristige, erfahrungsbedingte Verhaltensänderung definiert wird. Allerdings gab es in der Lernpsychologie immer schon verschiedene theoretische Positionen (z.B. Assoziationismus, Kognitivismus, Behaviorismus).

Der Behaviorismus kann dabei historisch vor allem auch als eine Abgrenzung gegen eine damals starke theoretische Tradition gesehen werden, Psychologie vor allem als eine Wissenschaft von den bewussten (d.h. introspektiv zugänglichen) Empfindungen zu sehen (Titchener, 1910; Wundt, 1874). Diese Richtung wurde damals als *Strukturalismus* bezeichnet. Die behavioristische Kritik an der strukturalistischen Psychologie bestand darin, dass „subjektive" Konstrukte wie *Bewusstsein* nicht unmittelbar (von außen) beobachtbar sind und deswegen nicht Gegenstand einer wissenschaftlichen Psychologie sein könnten. Aus diesem Grund wurde vorgeschlagen, dass sich psychologische Forschung allein auf das beobachtbare Verhalten zu beschränken habe. Der radikalste (und dadurch wohl auch bekannteste) Vertreter der behavioristischen Psychologie war Burrhus F. Skinner. Skinners Ansatz war so radikal behavioristisch, dass er sogar dem von Thorndike verwendeten Erklärungskonzept der Assoziation skeptisch gegenüberstand, weil eine Assoziation schließlich auch nicht direkt beobachtbar ist, sondern nur das Verhalten und die vorausgehenden und nachfolgenden Reize bzw. Konsequenzen (Skinner, 1938). Diese radikal-behavioristische Abgrenzung Skinners vom Assoziationskonzept ist ein gutes Beispiel dafür, dass der Behaviorismus theoretisch sehr viel heterogener und vielfältiger war, als das häufig in der Gleichsetzung von Behaviorismus und „S-R Psychologie" vereinfachend angenommen wird (vgl. Marx & Cronan-Hillix, 1987, für eine historische Einordnung).

Skinners besonderer wissenschaftlicher Erfolg lag darin begründet, dass er äußerst systematisch die funktionalen Beziehungen zwischen dem Verhalten und nachfolgenden Konsequenzen in eigens dafür konstruierten, experimentell wohlkontrollierten Lernumgebungen, d.h. Versuchskammern, untersucht hat. Diese Versuchskammern wurden später von anderen unter dem Namen *Skinner-Box* popularisiert. Skinner hat mit seiner behavioristischen Verhaltensforschung die Tradition von Thorndike fortgesetzt und Verhalten als Funktion seiner Verstärkungsbedingungen analysiert (vgl. das von Thorndike postulierte Gesetzt der Wirkung). In der experimentellen Prozedur zur Untersuchung des Lernens hat Skinner untersucht, wie Verhalten durch seine Konsequenzen kontrolliert wird. Weil das Verhalten in diesem Sinne instrumentell ist, hat Skinner diese Verhaltensweisen als „operant" bezeichnet und die Untersuchungsmethode entsprechend als *operantes Konditionieren*. Dadurch unterschied er seine Forschung von der von Pavlov eingeführten experimentellen Prozedur (klassisches Konditionieren), bei der die Reaktion (das „respondente" Verhalten) durch einen Reiz bereits vorgeben ist.

Diese historische Einordnung der experimentellen Psychologie des Lernens macht verständlich, warum viele bahnbrechende Entdeckungen vielfach in Tierexperimenten gemacht worden sind. Durch die Abgrenzung der behavioristischen Forschung von einer nur schwer experimentell überprüfbaren „Bewusstseinsphilosophie" der damaligen strukturalistischen Psychologie wurde neben den Erklärungskonzepten auch der Gegenstandsbereich der Forschung vom bewussten Erleben zum beobachtbaren Verhalten verändert. Es liegt nun in der Natur der Sache, dass eine grundlegende Verhaltensforschung in tierexperimentellen Studien viel besser die Laborbedingungen, unter denen das Verhalten studiert wird, systematisch variieren kann und dabei vielfach auch weniger ethischen Einschränkungen unterliegt (z. B. wenn es um Vermeidungslernen bei aversiven Reizen geht). Neben diesem praktischen Grund für tierexperimentelle Lernstudien spielt auch die behavioristische Ablehnung von Bewusstseinsprozessen als wesentlicher Faktor für die Erklärung von Verhalten eine Rolle, denn wenn es für die Forschung nicht relevant ist, was die Probanden während oder nach der experimentellen Studie verbal berichten, dann könnte man auch gleich nicht humane Probanden (z. B. Ratten, Tauben, Hunde, Katzen) für die Studien verwenden, ohne dass man dabei möglicherweise wesentliche Informationen verliert.

1.3 Aktuelle Fragen der Lernpsychologie

Selbstverständlich spielt tierexperimentelle Forschung in der Psychologie des Lernens mittlerweile eine viel weniger zentrale Rolle, und auch zu den Zeiten der frühen Behavioristen gab es natürlich immer auch viel Forschung an menschlichen Probanden. Eine wichtige Erkenntnis ist hierbei, dass Lernphänomene, die in tierexperimentellen Studien beobachtet werden können, häufig auch in analoger Weise beim menschlichen Lernen nachgewiesen werden können (z. B. Dickinson, Shanks & Evenden, 1984).

Wenn wir uns in diesem Buch mit der Psychologie des Lernens befassen, dann ist es wichtig festzustellen, dass mit klassischer und operanter Konditionierung zwei verschiedene experimentelle Prozeduren zur Untersuchung des Lernens gemeint sind, und wir werden in den späteren Kapiteln dieses Buchs noch eine ganze Reihe von weiteren Prozeduren (oder *experimentellen Paradigmen*) beschreiben. Das Phänomen, das mit Konditionierungsstudien untersucht wird, kann als *assoziatives Lernen* bezeichnet werden. Damit ist gemeint, dass Verhalten, und meistens auch das menschliche Urteil, von systematischen Beziehungen zwischen Umweltereignissen (Reizen) beeinflusst wird. Während diese mehr terminologischen Definitionen kaum kontrovers sind, gibt es im Hinblick auf die zu verwendenden Erklärungskonzepte durchaus kontroverse Diskussionen (Wasserman & Miller, 1997). Zum Beispiel argumentieren Mitchell, De Houwer und Lovibond (2009), dass assoziatives Lernen das zu erklärende Phänomen bezeichnet, aber dass dies nicht notwendigerweise auch impliziert, dass zwangsläufig Erklärungen im Sinne von Assoziationsbildung angenommen werden müssen. Mit diesem Argument verweisen Mitchell et al. (2009) darauf, dass neben assoziativen Erklärungen auch kognitive Erklärungen der untersuchten Lernphänomene möglich sind.

Das Wesen einer Assoziation ist, dass zwei (oder mehr) mentale Konzepte (Repräsentationen) miteinander verbunden werden, und dass diese Verbindung ungerichtet und im Prinzip „inhaltsfrei" ist. Demgegenüber postulieren kognitive Ansätze in der Forschung zum assoziativen Lernen, dass die gebildeten Verbindungen gerichtet sind und kausale Strukturen in der Umwelt repräsentieren (De Houwer, 2009). In diesem Sinne würde „Wissen" über die Umwelt (d.h. Ursache → Wirkung) aufgebaut werden, aus dem logische Schlussfolgerungen gezogen werden können (Rescorla, 1988). Wenn ich z.B. Nudeln mit Tomatensoße esse und danach eine allergische Reaktion habe, und am nächsten Tag Tomaten esse und wieder eine allergische Reaktion erleide, dann könnte ich den Schluss ziehen, dass ich vermutlich nicht gegen Nudeln allergisch bin, obwohl ich ja am Vortag eine Assoziation zwischen Nudeln und Allergie hätte bilden können (oder möglicherweise auch gebildet habe). Solche Art von rückwirkenden Schlussfolgerungen über die vermutete kausale Wirkung von möglichen Einflussvariablen scheinen zunächst klar für kognitive Ansätze zu sprechen, allerdings konnten in tierexperimentellen Studien vergleichbare Effekte nachgewiesen werden (*Rückwärts-Blockierung*, siehe Kapitel 4), und assoziationistische Lernmodelle können solche Effekte auch erklären (siehe Shanks, 2010, für eine aktuelle Übersicht). Die Frage, ob Lernen durch Assoziationen oder Kognitionen (im Sinne von logischen, propositionalen Schlussfolgerungen) bestimmt wird, ist seit einigen Jahren eine aktuelle Forschungsfrage (De Houwer, 2009; Mitchell et al., 2009; Shanks, 2010, für Übersichtsaufsätze).

Neben der Frage nach der Rolle von Assoziation vs. Kognition spielt auch die Frage nach dem Bewusstsein in der Psychologie des Lernens seit ca. 25 Jahren wieder eine große Rolle. Dieses „Revival" der Frage nach der Rolle des Bewusstseins beim Lernen ist insofern bemerkenswert, weil Bewusstsein ja, wie oben beschrieben, als Folge der behavioristischen Kritik für eine gewisse Zeit als wissenschaftlicher Forschungsgegenstand für wenig „seriös" gehalten wurde. Allerdings ist eine Gleichsetzung von *Assoziation = unbewusst* und *Kognition = bewusst* wissenschaftlich vermutlich nicht haltbar, weil auch Assoziationen bewusst sein können (oder es sogar meistens sind; Shanks, 2010), und Kognitionen können möglicherweise unbewusst sein, wie wir in Kapitel 8 zum unbewussten (impliziten) Lernen beschreiben.

Vor dem Hintergrund dieser hochaktuellen Forschungsfragen werden wir in diesem Buch in insgesamt 12 Kapiteln die Grundlagen der Psychologie des Lernens darstellen. Nach diesem einführenden Kapitel werden wir in Kapitel 2 zunächst Grundprinzipien der verschiedenen experimentellen Konditionierungsparadigmen beschreiben. In Kapitel 3 stellen wir dann die Basisphänomene des assoziativen Lernens beim Konditionieren dar. Kapitel 4 behandelt die Rolle der Kontingenz beim assoziativen Lernen, und Kapitel 5 wird einen Einblick in Anwendungen der Psychologie des assoziativen Lernens in der Verhaltenstherapie geben. Kapitel 6 und 7 behandeln Lernen ohne Belohnung und Beobachtungslernen. Kapitel 8 wird sich speziell der Frage nach der Möglichkeit unbewussten Lernens widmen. In Kapitel 9 geben wir einen Einblick in das Lernen von Kategorien und Formen des kognitiven Wissenserwerbs. Kapitel 10 und 11 führen in die Forschung zum motorischen Lernen sowie die Expertiseforschung ein. Das letzte und 12. Kapitel wird einen Ausblick auf aktuelle Forschungsthemen der Lernpsychologie geben.

Auf der Basis der Lektüre dieses Buchs zur Lernpsychologie werden Sie, liebe Leserin und lieber Leser, Wissen über die Grundlagen des Lernens erworben haben. Dabei ist unsere Absicht, Ihnen zu vermitteln, dass Lernen nicht nur ein hochinteressantes und auch in seinen Anwendungen (z. B. in der Verhaltenstherapie oder in der Pädagogik) wichtiges Forschungsgebiet ist, sondern dass Lernen auch ein zentraler Gegenstand der aktuellen kognitionspsychologischen Forschung repräsentiert.

📖 *Weiterführende Literatur*

Brysbaert, M., & Rastle, K. (2009). *Historical and Conceptual Issues in Psychology.* Harlow: Pearson Education.
Mitchell, C. J., De Houwer, J., & Lovibond, P. F. (2009). The propositional nature of human associative learning. *Behavioral and Brain Sciences, 32,* 183–246.

2 Assoziatives Lernen: Konditionierungsparadigmen

Assoziative Lernprozesse wurden zunächst in zwei verschiedenen Paradigmen, dem klassischen Konditionieren und dem operanten Konditionieren untersucht. Im Folgenden beschreiben wir die Pionierarbeiten von Pavlov und Thorndike zu diesen beiden Arten der Konditionierung. Anschließend stellen wir das Grundprinzip des klassischen und operanten Konditionierens dar. Beim operanten Konditionieren erläutern wir die Konzepte *Belohnung* und *Bestrafung* ausführlich. Zum Abschluss des Kapitels skizzieren wir drei aktuelle Untersuchungsparadigmen zum assoziativen Lernen beim Menschen: Evaluative Konditionierung, Hinweisreiz-Konsequenz Lernen (Cue-Outcome Learning) und Reaktions-Konsequenz Lernen (Response-Outcome Learning).

2.1 Pionierarbeiten zum assoziativen Lernen

Der Pavlovsche Hund. Wichtige wissenschaftliche Entdeckungen werden zuweilen beiläufig gemacht. Der russische Physiologe Ivan P. Pavlov interessierte sich ursprünglich für die Physiologie der Verdauung bei Hunden. Im Rahmen dieser Arbeiten wurde bei Hunden der reflexhafte Speichelfluss gemessen, wenn man Fleischpulver in den Mund des Hundes appliziert. Der Überlieferung zufolge stellte Pavlov fest, dass schon nach einigen Versuchsdurchgängen eine exakte Messung des Speichelflusses als Reaktion auf das Fleischpulver nicht mehr möglich war, denn der Hund speichelte bereits, sobald der Versuchsleiter den Raum betrat. Das Erscheinen des Versuchsleiters löste Speichelfluss also antizipatorisch aus, bevor dem Hund tatsächlich Fleischpulver gegeben wurde. Pavlov nannte dieses Phänomen einen *bedingten oder konditionierten Reflex* und untersuchte es systematisch. Heute ist diese Art des Lernens als *klassisches Konditionieren* bekannt. (Interessanterweise werden wissenschaftliche Entdeckungen zuweilen auch gleichzeitig und unabhängig voneinander gemacht. Twitmyer (1905) untersuchte zeitgleich zu Pavlov klassische Konditionierung am Patellarsehnenreflex.)

Die Thorndikesche Katze. Edward Lee Thorndike führte Experimente mit Katzen als Versuchstieren durch. Jeweils eine Katze war in einem Käfig (einer sogenannten Rätselbox) eingesperrt, der durch einen komplexen Mechanismus geöffnet werden konnte. Zuerst musste die Katze an einem Strick ziehen, um das erste Türschloss zu öffnen, dann musste sie auf einen Hebel treten, um das zweite Türschloss zu öffnen und schließlich musste sie den Türriegel aufstoßen. Beim ersten Versuch, der Rätselbox zu entkommen, probierte die Katze viele verschiedene Verhaltensweisen aus, bis sie mehr oder weniger zufällig die Tür des Käfigs öffnete *(Versuch und Irrtum)*. Je mehr Versuchsdurchgänge die Katze erlebte, umso schneller konnte sie dem Käfig entkommen. Außerhalb des Käfigs wurde die Katze gefüttert, d.h. die Verhaltensweise, die es der Katze ermöglichte, den Käfig zu verlassen, wurde jeweils bekräftigt (Thorndike, 1911).

Die Art des Lernens, die Thorndike untersuchte, wird heute als *operantes Konditionieren* bezeichnet. Als Lernmechanismus nahm Thorndike an, dass die Katzen S-R Verbindungen lernen (siehe Abbildung 2.1). In der Lernphase zeigen die Katzen zunächst verschiedene Verhaltensweisen (Reaktionen A, B, C). Der Käfig (S) wird mit derjenigen Verhaltensweise (R) assoziiert, die durch das Futter (positive Konsequenz) verstärkt wird. In der nachfolgenden Testphase ist es deshalb viel wahrscheinlicher, dass die Katzen im Käfig die erfolgreiche Reaktion B ausführen als die Reaktionen A oder C.

Pavlov und Thorndike nahmen beide an, dass in ihren Lernuntersuchungen assoziatives Lernen zwischen Stimuli und Reaktionen stattfindet. Pavlov vermutete eine assoziative Verbindung zwischen dem Erscheinen des Versuchsleiters und der Reaktion des vermehrten Speichelflusses. Nach Thorndikes Ansicht wird eine Assoziation zwischen Käfig und Reaktion erworben. Das Futter, also die positive Konsequenz des Verhaltens, dient seiner Meinung nach lediglich dazu, die S-R Verbindung zu verstärken, d.h. es wird nicht in die gelernte Assoziation integriert. Erst sehr viel später wurde diese Sichtweise des *Behaviorismus* revidiert. Aktuelle Lerntheorien gehen davon aus, dass beim operanten Konditionieren auch die Konsequenz des Verhaltens gelernt wird, dass also S-R-K Verbindungen gelernt werden. Und beim klassischen Konditionieren wird heute angenommen, dass überwiegend Stimulus-Stimulus Assoziationen gelernt werden, dass also das Erscheinen des Versuchsleiters mit dem Fleischpulver assoziiert wird. Die Erwartung des Fleischpulvers beim Erscheinen des Versuchsleiters löst dann die Speichelreaktion aus.

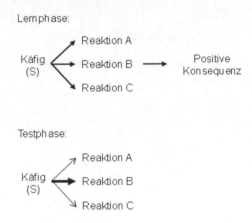

Abbildung 2.1: Schematische Darstellung des operanten Konditionierens.

2.2 Grundprinzip des klassischen Konditionierens

Beim klassischen Konditionieren (siehe Abbildung 2.2) wird eine bereits bestehende Verbindung zwischen *unkonditoniertem Stimulus (US)* und *unkonditionierter Reaktion (UR)* verwendet. Zum Beispiel nutzte Pavlov den Speichelreflex – die Darbietung von Futter (US) löst Speichelfluss (UR) aus. Ein zunächst neutraler Stimulus (NS), beispielsweise ein Glockenton, hat keine spezifische Wirkung, sondern bewirkt eine neutrale Reaktion (z.B. eine Orientierungsreaktion, bei Hunden ist dies typischerweise Ohrenaufstellen). In der Lernphase wird der US (Futter) gepaart mit dem neutralen Stimulus (Glockenton) präsentiert, und löst die UR (Speicheln) aus. Nach einigen gepaarten Darbietungen mit dem Futter wird der ursprünglich neutrale Glockenton zum *konditionierten Stimulus (conditioned stimulus, CS)*. In der anschließenden Testphase löst die alleinige Darbietung des Tons die Speichelreaktion aus. Nun spricht man von einer *konditionierten Reaktion (conditioned response, CR)*, die auf den konditionierten Stimulus folgt (Pavlov, 1927). In der Terminologie des klassischen Konditionierens beziehen sich die Begriffe CR und UR auf dasselbe Verhalten; theoretisch ist eine Unterscheidung von UR und CR aber sinnvoll, da die Stärke der Reaktion auf den CS häufig etwas schwächer ist als die Reaktion auf den US.

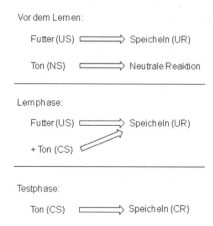

Abbildung 2.2: Schematische Darstellung des klassischen Konditionierens.

Das klassische Konditionieren ist überwiegend an Tieren untersucht worden, jedoch kann das Basisphänomen auch beim menschlichen Lernen zuverlässig demonstriert werden. Wird beispielsweise auf die Cornea (Hornhaut) des Auges ein schwacher Luftstoß (US) gerichtet, löst dieser eine Lidschlussreaktion (UR) aus. Nach einigen gepaarten Darbietungen des Luftstoßes mit einem Lichtreiz (CS) löst dieser alleine die Lidschlussreaktion (CR) aus (z. B. Prokasy, Grant, & Myers, 1958).

2.3   Grundprinzip des operanten Konditionierens

Beim klassischen Konditionieren wird ein bisher neutraler Reiz mit einer bestehenden Verbindung von US und UR assoziiert. Beim operanten Konditionieren dagegen wird gelernt, welche Reaktion (in einer bestimmten Situation) erfolgreich ist. Anders formuliert könnte man sagen, dass beim klassischen Konditionieren gelernt wird, welche weiteren Reize Hinweisbedingungen für bestehende S-R Verbindungen sind. Man spricht hier von respondentem Verhalten, da auf einen Reiz hin reagiert wird. Im Gegensatz dazu werden beim operanten Konditionieren neue Verhaltensweisen bzw. neue S-R Verbindungen gelernt. Das operante Verhalten erfolgt *instrumentell*, da das Verhalten zu einer Veränderung bzw. Konsequenz in der Umwelt führt.

    Beim operanten Konditionieren wird nicht nur gelernt, wenn Verhaltensweisen positive Konsequenzen nach sich ziehen, sondern auch, wenn Verhaltensweisen zu negativen Konsequenzen führen. In diesem Fall werden die S-R Verbindungen abgeschwächt, d. h. die Ausführung der entsprechenden Reaktion wird unwahrscheinlicher. Systematische Untersuchungen zu Verstärkung und Bestrafung wurden von Burrhus F. Skinner (1904–1990) durchgeführt. **Positive vs. negative Konsequenzen, die eintreten bzw. ausbleiben = Verstärkung bzw. Bestrafung.** Für systematische Untersuchungen zum operanten Konditionieren verwendete Skinner Versuchskäfige, in denen die Versuchstiere bestimmte, artgemäße Reaktionen ausführen konnten (Skinner, 1938). In diesen später sogenannten *Skinner-Boxen* (siehe Abbildung 2.3) konnten Ratten beispielsweise einen Hebel betätigen oder Tauben konnten auf eine Scheibe picken. Oft enthielt der Käfig ein Futtermagazin, so dass der Experimentator das Tier in kontrollierter Weise füttern konnte. Negative Konsequenzen konnten durch das Anschalten eines elektrischen Rosts gegeben werden. Um unterschiedliche Situationsbedingungen zu schaffen, enthielten Skinner-Boxen oft auch ein Licht oder es konnten Töne präsentiert werden.

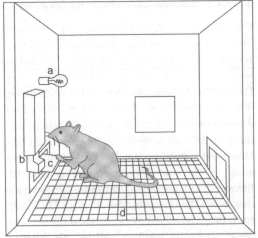

a Licht, b Futtermagazin, c Hebel, d elektrischer Rost

Abbildung 2.3: Schematische Darstellung einer Skinner-Box (nach Koch, 2002).

Skinner untersuchte, wie Verhalten durch *Verstärkung* oder *Bestrafung* moduliert wird (siehe Tabelle 2.1). Folgt ein angenehmer Reiz auf eine Verhaltensweise, so steigt die Wahrscheinlichkeit für dieses Verhalten. Wir sprechen von *positiver Verstärkung.* Folgt ein unangenehmer Reiz auf eine bestimmte Verhaltensweise, d. h. folgt *Bestrafung* auf die Verhaltensweise, dann sinkt die

Wahrscheinlichkeit für dieses Verhalten. Aber auch die Wegnahme von Reizen moduliert Verhalten. Wird ein positiver Reiz entfernt, führt beispielsweise das Drücken des Hebels dazu, dass das Futter weggenommen wird, dann drückt das Versuchstier den Hebel seltener. Die Wegnahme eines positiven Reizes wirkt also ebenfalls als *Bestrafung*. Wird dagegen ein unangenehmer Reiz entfernt, wenn eine Verhaltensweise gezeigt wird, dann steigt die Wahrscheinlichkeit für dieses Verhalten. Erhält die Ratte eine unangenehme elektrische Reizung über den elektrischen Rost, und der elektrische Rost wird durch das Drücken des Hebels abgeschaltet, dann wird die Ratte den Hebel häufiger drücken. Diese Art der Verstärkung nennen wir *negative Verstärkung*.

Tabelle 2.1: Formen der Verstärkung und Bestrafung

Verhaltens-konsequenz	Qualität des Reizes	
	angenehm	unangenehm
Reiz-Darbietung	Positive Verstärkung	Bestrafung
Reiz-Entfernung	Bestrafung	Negative Verstärkung

Dieselben Arten der Verstärkung und Bestrafung beeinflussen menschliches Verhalten, und werden z. B. bei der Erziehung von Kindern verwendet. Lob für ein erwünschtes Verhalten ist ein positiver Verstärker. Tadel für ein unerwünschtes Verhalten ist eine Bestrafung. Fernsehverbot, also die Wegnahme eines positiven Reizes, ist ebenfalls eine Bestrafung. Und die Wegnahme eines erwarteten negativen Reizes, wie beispielsweise die Ankündigung, eine bereits angedrohte Strafarbeit doch nicht schreiben zu müssen, ist eine negative Verstärkung.

Jeder Reiz, dessen Darbietung oder Wegnahme die Auftretenswahrscheinlichkeit einer Verhaltensweise verändert, ist ein Verstärker oder eine Bestrafung. Bei Untersuchungen an Tieren wurden häufig Nahrung oder Schmerzreize zur Verhaltensmodulation verwendet. Diese *primären Verstärker* wirken ohne vorherige Lernerfahrung. Daneben gibt es auch sogenannte *sekundäre Verstärker*. Dabei handelt es sich um ursprünglich neutrale Reize, die zuvor mit primären Verstärkern gepaart worden sind und nun ebenfalls Verhaltensweisen modulieren. Beispielsweise ist Geld ein solcher sekundärer Verstärker. Die Reizstärke des Verstärkers, also wie angenehm oder unangenehm der Reiz ist, beeinflusst, wie schnell gelernt wird. Bei stärkeren Reizen wird typischerweise schneller gelernt. Dieser Zusammenhang ist aber nicht linear, sondern funktioniert nur in mittleren Bereichen der Reizstärke. Für eine hungrige Ratte wirkt Futter als positiver Verstärker, erhält die Ratte aber sehr viel Futter (und ist bereits satt), wirkt zusätzliches Futter nicht mehr als positiver Verstärker. Deshalb ist eine inhaltliche Definition für Verstärker nicht möglich. Stattdessen hat Skinner den Begriff *Verstärker* rein durch die Wirkungsweise definiert: Jeder Reiz, der die Auftretenswahrscheinlichkeit eines Verhaltens erhöht, ist ein Verstärker, und jeder Reiz, der die Auftretenswahrscheinlichkeit eines Verhaltens verringert, ist eine Bestrafung.

Wir erinnern uns, dass Thorndike den Erwerb von S-R Beziehungen als Mechanismus des instrumentellen Lernens postulierte. Die Situationsmerkmale (Stimuli), die vorliegen, wenn eine Reaktion bekräftigt wird, werden mit dieser Reaktion verknüpft, so dass diese Reaktion in dieser Situation wahrscheinlicher wird *(Gesetz der Wirkung, law of effect)*.

Skinner dagegen unterschied zwischen *operantem Konditionieren* einerseits und *Diskriminationslernen* andererseits. Er vermutete, dass beim operanten Konditionieren die Auftretenswahrscheinlichkeiten für Reaktionen im Allgemeinen steigen oder sinken, wenn positive oder negative Konsequenzen folgen. S-R Lernen findet nur statt, wenn Belohnung bzw. Bestrafung selektiv an bestimmte Situationsbedingungen geknüpft ist. Das heißt, nur wenn eine Reaktion unter einer Situationsbedingung belohnt bzw. bestraft wird, unter einer anderen Bedingung aber keine Konsequenz nach sich zieht, wird die Situation als diskriminativer Hinweisreiz gelernt. Ungeachtet dessen, ob Reaktionswahrscheinlichkeiten generell steigen oder S-R Assoziationen verstärkt werden, würden Behavioristen beim operanten und klassischen Konditionieren nur beobachtbare Variablen, d.h. dargebotene Stimuli und beobachtbare Reaktionen, zur Erklärung der Lernprozesse annehmen.

Aktuelle kognitive Lerntheorien argumentieren stattdessen mit internen Zuständen des Lerners. Für das klassische Konditionieren werden Assoziationen zwischen Stimuli angenommen, so dass die Darbietung des CS zu der *Erwartung* des US führt. Und beim operanten Konditionieren werden Assoziationen zwischen Reaktionen und nachfolgenden Konsequenzen gelernt, so dass die Ausführung einer Reaktion zur Erwartung eines nachfolgenden Stimulus (Konsequenz) führt.

2.4 Weitere Untersuchungsparadigmen zum assoziativen Lernen beim Menschen

Frühe Arbeiten zum klassischen und operanten Konditionieren verwendeten oft tierexperimentelle Studien. Die Lernprinzipien galten jedoch genauso für menschliches Lernen. Hier skizzieren wir drei aktuelle Untersuchungsparadigmen, die assoziative Lernprozesse untersuchen. Die evaluative Konditionierung und das Hinweisreiz-Konsequenz Lernen (Cue-Outcome Learning) postulieren Stimulus-Stimulus Assoziationen und können somit in Analogie zum klassischen Konditionieren betrachtet werden. Das Reaktions-Konsequenz Lernen (Response-Outcome Learning) bezieht sich auf assoziative Verknüpfungen von Reaktionen und nachfolgenden Stimuli und ist somit ähnlich zur operanten Konditionierung.

Evaluative Konditionierung. Wird ein neutraler Stimulus mit einem positiven oder einem negativen Stimulus gepaart dargeboten, dann wird dieser Stimulus anschließend positiver bzw. negativer bewertet. Levey und Martin (1975) entwickelten eine Bild-Bild Untersuchungsanordnung, um evaluative Konditionierung zu untersuchen. Probanden sahen ein Set von Bildern und sortierten die Bilder in die Kategorien „mag ich", „mag ich nicht" und „neutral". In einer Lernphase wurden ursprünglich neutrale Bilder (CS) gemeinsam mit positiven, negativen oder neutralen Bildern (US) präsentiert. Anschließend beurteilten die Probanden die ursprünglich neutralen Bilder (CS). Bilder, die gemeinsam mit positiven Bildern gezeigt worden waren, wurden positiver bewertet, und Bilder, die mit negativen Bildern dargeboten worden waren, wurden negativer bewertet als Bilder, die mit neutralen Bildern gezeigt worden waren.

Um die Bewertung neutraler Stimuli zu verändern, können diese Stimuli beliebig mit anderen, valenten (d. h. affektiv „aufgeladenen") Stimuli gepaart werden, unabhängig von der Darbietungsart und Modalität. In der Werbung werden beispielsweise bekannte, beliebte Personen mit einem Produkt assoziiert, oder es wird angenehme Musik oder auch ein angenehmer Duft verwendet, um die Bewertung eines Produktes zu beeinflussen.

Gegenwärtig wird diskutiert, ob evaluative Konditionierung und klassisches Konditionieren auf dieselben Lernmechanismen rückzuführen sind (Hofmann, De Houwer, Perugini, Baeyens, & Crombez, 2010). Beispielsweise ist beim klassischen Konditionieren Aufmerksamkeit für den Zusammenhang von CS und US eine wichtige Voraussetzung für die Assoziationsbildung, während evaluative Konditionierung möglicherweise auch stattfindet, ohne dass die Assoziation zwischen CS und US bewusst werden muss (siehe Kapitel 8).

Hinweisreiz-Konsequenz Lernen (Cue-Outcome Learning). In Studien zum Hinweisreiz-Konsequenz Lernen (Cue-Outcome Learning) erhalten Probanden Informationen über den Zusammenhang verschiedener Hinweisreize (Cues) mit bestimmten Konsequenzen (Outcome) und sollen dann schließen, inwiefern das Vorhandensein eines Hinweisreizes kausal eine bestimmte Konsequenz verursacht (z. B. De Houwer & Beckers, 2002). Beispielsweise erhalten die Probanden die Information, dass eine Person A Nudeln mit Tomatensoße und Kapern isst und danach eine allergische Reaktion hat. Beim Essen von Nudeln mit Käsesauce reagiert die Person nicht allergisch, während sie beim Essen von Tomatensalat mit Schafskäse wieder allergisch regiert. Aus diesen Informationen können die Probanden dann den Schluss ziehen, dass Person A vermutlich nicht gegen Nudeln und Kapern allergisch ist, obwohl sie beim ersten Beispiel eine Assoziation zwischen Nudeln und Allergie hätten bilden können (und möglicherweise auch gebildet haben).

Assoziationen zwischen Hinweisreiz (CS) und Konsequenz (US) werden nur dann gelernt, wenn der Hinweisreiz die Konsequenz vorhersagt und wenn noch kein weiterer Hinweisreiz gelernt wurde, um die Konsequenz vorherzusagen. Diese Einschränkung der Assoziationsbildung beim Hinweisreiz-Konsequenz Lernen betrachten wir ausführlich unter dem Schlagwort *Blockierung* in Kapitel 4.4.

Reaktions-Konsequenz Lernen (Response-Outcome Learning). Experimentelle Anordnungen, ähnlich wie beim operanten Konditionieren, werden verwendet, um kausale Urteile zu untersuchen. Zum Beispiel untersuchten Wasserman, Elek, Chatlosh und Baker (1993) das Kausalitätsempfinden von Probanden in einer einfachen Aufgabe. Probanden konnten eine Taste drücken, und als Konsequenz ging zuweilen ein Licht an. Das Licht kann hier als ein Verstärker gesehen werden, der der Reaktion folgte. Gleichzeitig konnte das Licht jedoch auch angehen, ohne dass der Proband die Taste drückte. Wassermann et al. variierten systematisch die Wahrscheinlichkeit, mit der das Licht (Outcome) dem Tastendruck (Response) folgte, $P(O|R)$, und die Wahrscheinlichkeit, dass das Licht anging, ohne dass die Taste gedrückt wurde, $P(O|\neg R)$. Diese Wahrscheinlichkeiten wurden jeweils für Intervalle der Dauer 1 Sekunde variiert und im Anschluss wurden die Probanden befragt, wie stark sie auf einer Skala von -100 bis $+100$ den Eindruck hätten, dass der Tastendruck das Licht kausal verursachte. Die subjektiven Kausalurteile der Probanden waren höher, je größer $P(O|R)$ und je kleiner $P(O|\neg R)$ waren (siehe Abbildung 2.4).

Probanden sind also sehr sensitiv dafür, ob ihr Tastendruck das Licht einschaltete oder ob das Licht von alleine anging. Das Ergebnismuster, das für die Variation der beiden Wahrscheinlichkeiten P(O|R) und P(O|¬R) für die abhängige Variable „kausales Urteil" gefunden wurde, ist dasselbe, das bei tierexperimentellen Studien mit der abhängigen Variable „Häufigkeit von Reaktionen" beobachtet wurde (siehe Kapitel 4.2).

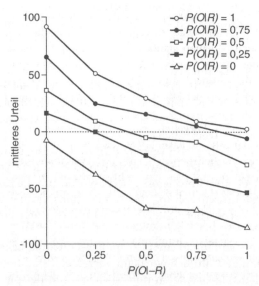

Abbildung 2.4: Kausalurteile in Abhängigkeit der Wahrscheinlichkeiten P(O|R) und P(O|¬R) bei Wassermann et al. (1993). Schematische Darstellung der Daten nach Koch (2002).

2.5   Zusammenfassung

Pavlov und Thorndike haben kurz nach der Jahrhundertwende zum 20. Jahrhundert die Pionierarbeiten der Lernpsychologie mit der Entdeckung des klassischen und operanten Konditionierens durchgeführt. Später untersuchte Skinner beim operanten Konditionieren systematisch die Möglichkeiten zur Verstärkung und Bestrafung, also die Möglichkeiten, dass ein Verhalten wahrscheinlicher oder weniger wahrscheinlich auftritt. Werden positive Reize nach einem bestimmten Verhalten dargeboten (positive Verstärkung) oder negative

Reize entfernt (negative Verstärkung), wird das Verhalten wahrscheinlicher; werden stattdessen negative Reize dargeboten oder positive Reize entfernt (Bestrafung), dann wird das Verhalten weniger wahrscheinlich.

Als Lernmechanismus beim klassischen und operanten Konditionieren wurden ursprünglich Stimulus-Reaktions Assoziationen vermutet. Heute werden kognitive Zustände, wie Erwartungen, in die Erklärungskonzepte integriert. Beim klassischen Konditionieren führen Stimulus-Stimulus Assoziationen dazu, dass die Darbietung des CS den US erwarten lässt. Und beim operanten Konditionieren führen Reaktions-Konsequenz Assoziationen dazu, dass nach der Ausführung einer Reaktion ein bestimmter Stimulus, der eben typischerweise dieser Reaktion folgt, erwartet wird.

Klassisches und operantes Konditionieren wird aktuell zur Untersuchung assoziativen Lernens beim Menschen in den Paradigmen des evaluativen Konditionierens, des Hinweisreiz-Konsequenz Lernens (Cue-Outcome Learning) und des Reaktions-Konsequenz Lernens (Response-Outcome Learning) verwendet. Gegenwärtig wird innerhalb dieser Forschungsansätze diskutiert, ob die Lernmechanismen rein assoziativ sind, dass also lediglich ungerichtete Beziehungen zwischen Reizen oder Reaktionen und nachfolgenden Konsequenzen gebildet werden, oder ob kognitive Mechanismen, wie kausale Schlussfolgerungen und Propositionen die Lernvorgänge besser abbilden (z. B. Mitchell et al., 2009; Waldmann, 2010).

📖 *Weiterführende Literatur*

De Houwer, J., & Beckers, T. (2002). A review of recent developments in research and theory on human contingency learning. *Quarterly Journal of Experimental Psychology, 55B,* 289–310.

Hofmann, W., De Houwer, J., Perugini, M., Baeyens, F., & Crombez, G. (2010). Evaluative conditioning in humans: A meta-analysis. *Psychological Bulletin, 136,* 390–421.

Lieberman D. A. (2004). *Learning and memory. An integrative approach.* Wadsworth. Belmont USA.

Waldmann, M. R. (2010). Causal thinking. In B. Glatzeder, V. Goel & A. v. Müller (Eds.), *Towards a theory of thinking (pp. 123–134).* Berlin, Heidelberg: Springer

3 Basisphänomene der Konditionierung

In der Konditionierungsforschung wurden allgemeine Mechanismen für assoziatives Lernen identifiziert. Im Folgenden behandeln wir zunächst Erwerb und Löschung assoziativer Verbindungen. Danach beschreiben wir die Mechanismen der Generalisierung der Assoziation auf ähnliche Reize, und die Diskrimination von ähnlichen Reizen, wenn diese mit unterschiedlichen Reizen gepaart werden. Anschließend erläutern wir an einigen Beispielen das Lernen komplexerer Assoziationen. Zum Abschluss des Kapitels besprechen wir, dass Assoziationen zwischen manchen Reizen sehr schnell gelernt werden, da es biologische Prädispositionen für den Erwerb bestimmter, biologisch relevanter Verbindungen gibt.

3.1 Erwerb und Löschung

Erwerb und Löschung beim klassischen Konditionieren. Bei der experimentellen Untersuchung des klassischen und operanten Konditionierens interessieren sich Lernpsychologen sowohl für die Schnelligkeit als auch für die Stärke des Lernens. Zunächst betrachten wir nun Lernverläufe beim klassischen Konditionieren. Sobald man Lernen messen möchte, ist es wichtig, exakt zu definieren, welche Verhaltensweise der passende Indikator für Lernen ist. In der schon genannten Studie von Prokasy, Grant und Myers (1958), in der ein Lichtreiz mit dem Lidschlussreflex gepaart wurde, wurde Lernen operationalisiert als prozentuale Häufigkeit, mit der die CR (der Lidschluss) als Funktion der Häufigkeit der CS-US Paarungen auftritt (siehe Abbildung 3.1). In diesem Versuch gab es insgesamt vierzig Lerndurchgänge, in denen der CS (Lichtreiz) mit dem US (Luftstoß) gepaart dargeboten wurde. Lernen zeigte sich schon nach zehn Lerndurchgängen, da dann der CS alleine die CR (Lidschlussreaktion) auslöste, noch bevor der US dargeboten wurde. Die CS-US Assoziation wurde also bereits nach wenigen Durchgängen gelernt. Die Stärke des Lernens

wird zusätzlich durch die Intensität des US beeinflusst: Ist der Luftstoß inten-
siver, so löst der CS die CR häufiger aus.

Weiterhin ist für den Erwerb der CS-US Assoziation der zeitliche Abstand
zwischen beiden Reizen wichtig. Lernen ist am effektivsten, wenn der CS kurz
vor dem US dargeboten wird. Wird der CS gleichzeitig mit dem US oder kurz
nach dem US dargeboten, ist die konditionierte Reaktion schwächer. Die Annahme, dass beim Konditionieren Stimulus-Stimulus Erwartungen gelernt
werden, legt nahe, dass Konditionierung ein adaptiver Lernprozess ist, der es
ermöglicht, sich auf zukünftige Ereignisse vorzubereiten. Dies funktioniert am
besten, wenn der CS zeitlich kurz vor dem US präsentiert wird. Dadurch wird
der CS zum Prädiktor für den US und ermöglicht die Vorbereitung auf das
Erscheinen dieses Stimulus. Am Beispiel des Lidschlussreflexes signalisiert
der konditionierte Lichtreiz, dass bald ein Luftstoß aufs Auge erscheinen wird,
und man kann in Erwartung dieses Luftstoßes das Auge schließen und den
Luftstoß direkt auf das Auge somit vermeiden.

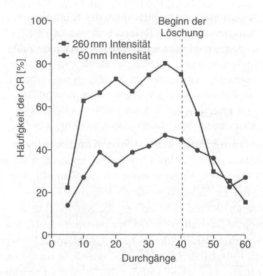

Abbildung 3.1: Erwerb und Löschung in Abhängigkeit von der Intensität des US.
Schematische Darstellung nach Koch (2002).

Wird der CS nur noch alleine dargeboten und nicht mehr vom US gefolgt (im
Beispiel ab Durchgang 40), wird die CR weniger wahrscheinlich. Es findet *Lö-*
schung (extinction) der gelernten Verbindung zwischen CS und US statt. Zu-

nächst bezeichnet der Begriff Löschung lediglich die Tatsache, dass der CS seltener die CR auslöst, wenn der US für längere Zeit nicht mehr präsentiert wird.

Aus lernpsychologischer Sicht wird diskutiert, welcher Mechanismus dieses Verlernen bedingt. Vermutlich ist Löschung nicht lediglich ein Verlernen der gelernten CS-US Assoziation. Verstreicht einige Zeit zwischen dem Löschen und einer erneuten Testphase, so tritt eine *Spontanerholung* ein: der CS löst nun wieder kurzfristig die CR aus, wenn er alleine dargeboten wird (Pavlov, 1927). Diese Spontanerholung zeigt, dass die CS-US Assoziation nicht verlernt wurde, sondern in der Löschungsphase unterdrückt worden ist. Weiterhin ist Löschung oft an den spezifischen Kontext der Löschung gebunden, und es genügt eine geringfügige Änderung in der Umgebung, um die ursprüngliche CR nach einer Löschungsphase wiederherzustellen (Bouton, 1993). Diese Befunde legen nahe, dass während der Löschung gelernt wurde, dass der US nicht auf den CS folgt, so dass dies mit dem Gedächtnisabruf der ursprünglichen Erwartung des US interferiert. Wird die neue Assoziation CS-nicht-US nach einem genügend langem Zeitintervall vergessen, kann sich die alte CS-US Assoziation wieder durchsetzen. Spontanerholung findet also statt, wenn die ursprüngliche Assoziation besser gelernt oder weniger vergessen wurde als die alternative Assoziation, die während der Löschungsphase gelernt wurde (z.B. Lieberman, 2004).

Erwerb und Löschung beim operanten Konditionieren. Ähnlich wie beim klassischen Konditionieren findet auch beim operanten Konditionieren Löschung statt, wenn eine Verhaltensweise nicht mehr verstärkt wird. Erwerb und Löschung hängen dabei von der Art der Verstärkung während der Lernphase ab. Ferster und Skinner (1957) entwickelten unterschiedliche *Verstärkungspläne* und untersuchten ihre Effektivität. Wird jede gewünschte Verhaltensweise verstärkt *(kontinuierliche Verstärkung)*, dann lernen die Versuchstiere sehr schnell das gewünschte Verhalten. In diesem Fall wird ein Verhalten aber auch schnell gelöscht, sobald die Verstärkung ausbleibt. Wird eine Verhaltensweise nur gelegentlich verstärkt *(intermittierende Verstärkung)*, ist sie resistenter gegen Löschung. Die unterschiedliche Effektivität von kontinuierlicher und intermittierender Verstärkung für den Erwerb und die Löschung von Verhalten kann durch die Annahme von Assoziationen zwischen Reaktion und Konsequenzen einfach erklärt werden. Wenn eine bestimmte Reaktion zuverlässig zu einer bestimmten Konsequenz führt, so kann sehr schnell eine Reaktions-Konsequenz Assoziation gelernt werden, die aber auch schnell wieder verlernt wird, sobald die Reaktion die Konsequenz nicht mehr erzeugt. Erzeugt die Reaktion nur zuweilen eine bestimmte Konsequenz, dauert es viel länger, bis die Assoziation von Reaktion und Konsequenz gelernt wird. Die gelernte Assoziation bleibt jedoch länger bestehen, wenn die Reaktion die Konsequenz nicht mehr erzeugt, da das Ausbleiben der Konsequenz mit der Lernerfahrung der intermittierenden Verstärkung zunächst noch übereinstimmt.

Bei intermittierender Verstärkung wird zwischen Quoten- und Intervallverstärkung unterschieden (siehe Tabelle 3.1). *Quotenverstärkung* meint, dass entsprechend der Reaktionshäufigkeit verstärkt wird, z.B. wird jede fünfte Reaktion bekräftigt. Bei *Intervallverstärkung* wird in bestimmten Zeitintervallen, z.B. alle 30 Sekunden ein Verstärker präsentiert. Bei Quoten- und Intervallverstärkung kann der Verstärker *fix* dargeboten werden, d.h. es wird exakt jede fünfte Reaktion oder exakt alle 30 Sekunden verstärkt, oder es kann *variabel* verstärkt werden, d.h. im Durchschnitt wird jede fünfte, aber auch mal die vierte oder sechste Reaktion verstärkt, bzw. es wird im Durchschnitt alle 30 Sekunden verstärkt.

Tabelle 3.1: Übersicht über verschiedene Verstärkungspläne bei intermittierender Verstärkung.

Verstärker-darbietung	Intermittierende Verstärkung	
	Quote	Intervall
fix	Jede fünfte Reaktion wird bekräftigt	Zeit zwischen Bekräftigung ist exakt 30 Sekunden
variabel	20% der Reaktionen werden bekräftigt	Zeit zwischen Bekräftigung ist im Mittel 30 Sekunden

Je häufiger und regelmäßiger verstärkt wird, umso schneller wird gelernt. Fixe Verstärkungspläne sind also für das Lernen vorteilhaft. Aber je regelmäßiger verstärkt worden ist, umso schneller wird eine Verhaltensweise gelöscht, sobald keine Verstärkung mehr erfolgt. Deshalb ist Lernen am effizientesten, wenn eine Verhaltensweise zunächst kontinuierlich verstärkt wird, und im Laufe des Trainings dann ein variabler Quotenplan eingesetzt wird. Die Quote, wie oft das Verhalten verstärkt wird, kann allmählich geringer werden, z.B. wird zunächst jedes Mal, dann im Durchschnitt jedes fünfte Mal und schließlich im Durchschnitt jedes zehnte Mal verstärkt.

3.2 Generalisierung und Diskrimination

Weitere wichtige Lernphänomene beim klassischen und operanten Konditionieren sind Generalisierung und Diskrimination. Generalisierung beim klassischen Konditionieren beschreibt das Phänomen, dass die konditionierte Reaktion nicht nur vom tatsächlich konditionierten Stimulus, sondern auch von ähnlichen Stimuli ausgelöst wird. Und beim operanten Konditionieren wird das gelernte Verhalten nicht nur in einer bestimmten Situation, sondern in vielen ähnlichen Situationen gezeigt.

Wird dagegen ein gelerntes Verhalten nur in einer Situation bekräftigt, und in einer anderen Situation nicht von positiven Konsequenzen gefolgt, sondern eventuell sogar bestraft, dann wird dieses Verhalten nur in der Situation oft gezeigt, in der es positive Konsequenzen erzeugt. Das Versuchstier bzw. der Proband lernt also zu diskriminieren, unter welchen Bedingungen ein Verhalten positive Konsequenzen erzeugt. Und auch beim klassischen Konditionieren wird diskriminativ gelernt, wenn ein konditionierter Stimulus verlässlich dem unkonditionierten Stimulus vorrangeht, während ein weiterer Stimulus niemals vom unkonditionierten Stimulus gefolgt wird. In diesem Fall tritt die konditionierte Reaktion nur nach dem konditionierten Stimulus auf, und folgt nicht auf den anderen Stimulus, selbst wenn dieser dem konditionierten Stimulus ähnlich ist.

Generalisierung. Anekdotisch kann man Generalisierung schön am Beispiel des *kleinen Albert* erläutern. Watson und Raynor (1920) untersuchten klassisches Konditionieren beim Menschen. Ihr Proband war ein neunmonatiges Kleinkind, das als der kleine Albert in der Geschichte der Lernpsychologie bekannt wurde. Albert wurde als ein phlegmatisches und wenig emotionales Kleinkind beschrieben, das nur selten weinte. Vor der Konditionierungsphase zeigten Watson und Raynor dem kleinen Albert eine weiße Ratte. Albert zeigte keine Angst vor der Ratte und versuchte, mit ihr zu spielen. In der Konditionierungsphase wurde die Ratte zusammen mit einem lauten, aversiven Geräusch (das Schlagen eines Hammers auf eine Eisenstange) gepaart, das bei Albert Angst auslöste. Schon nach wenigen Lerndurchgängen weinte der kleine Albert, sobald er die Ratte sah, und versuchte, von ihr weg zu krabbeln. Im Folgenden zeigte Albert nicht nur Angst, wenn er die Ratte sah, sondern die Angstreaktion generalisierte auf weitere bisher neutrale Reize wie bspw. ein Kaninchen oder einen Pelzmantel.

Diese anekdotische Evidenz für die Konditionierung und Generalisierung von Furchtreaktionen beim Menschen ist auf den ersten Blick sehr überzeugend. Doch bei dieser Untersuchung handelt es sich nicht um ein wirkliches

Experiment, und es gibt Alternativverklärungen dafür, dass sich bei Albert allmählich eine Angstreaktion auf die Ratte aufbaute. Möglicherweise entwickelte Albert Angst einfach aufgrund von *Sensibilisierung* durch die wiederholte
Präsentation der Ratte. Empirische Evidenz für Sensibilisierung berichtete beispielsweise Davis (1974) anhand der Schreckreaktion von Ratten. Wurde den
Ratten wiederholt eine laute Tonsequenz dargeboten, so wurde die Schreckreaktion stärker, je häufiger die Tonsequenz präsentiert wurde, ohne dass die
Tonsequenz mit einem weiteren Ereignis präsentiert wurde. Unter bestimmten
Bedingungen, wie z.B. bei starken Reizen, scheint also die wiederholte Darbietung zu genügen, um stärkere Reaktionen auszulösen, so dass das Beispiel des
kleinen Alberts streng genommen nicht als Evidenz für Konditionierung und
Generalisierung von Furchtreaktionen, sondern nur als anekdotischer Bericht
gesehen werden darf.

Generalisierung lässt sich jedoch verlässlich in gut kontrollierten Experimenten nachweisen. Wird beispielsweise ein Ton einer bestimmten Tonhö-
he an einen Lidschlussreflex konditioniert, so erfolgt die CR, das Schließen
des Lids, auch auf Töne ähnlicher Tonhöhen. Je unähnlicher der Testreiz zum
gelernten CS, umso geringer ist typischerweise die CR (z.B. Siegel, Hearst,
George, & O'Neal, 1968). Generalisationsgradienten zeigen, dass gelerntes
Verhalten auf ähnliche Reizsituationen verallgemeinert wird und immer un-
wahrscheinlicher wird, je unähnlicher ein Testreiz zum gelernten CS ist.

Diskrimination. Wenn ein bestimmter CS immer von einem US gefolgt
wird, während ein anderer, ähnlicher CS niemals diesen US ankündigt, tritt
Diskriminationslernen auf. Wird beispielsweise beim klassischen Konditionieren ein Lichtreiz auf der rechten Seite (CS_1) an einen Lidschlussreflex konditioniert, dann führten die Probanden den Lidschluss zunächst auch bei einem
Licht auf der linken Seite (CS_2) aus – ein weiteres Beispiel für Generalisierung.
Wird der CS_2 niemals von einem Luftstoß gefolgt, während auf den CS_1 verlässlich der Luftstoß folgt, lernen Probanden zwischen CS_1 und CS_2 zu diskriminieren und reagieren viel stärker auf CS_1 als auf CS_2 (Gynther, 1957). Die
geschilderten Untersuchungen belegen, dass konditionierte Reaktionen auf
Klassen ähnlicher Reize generalisieren. Sobald bestimmte Reize niemals vom
US gefolgt werden (oder sogar einem anderen US vorangehen), wird gelernt,
zwischen diesen Reizen zu diskriminieren.

Beim operanten Konditionieren findet Diskriminationslernen statt, indem
gelernt wird, ob ein Verhalten nur in einer bestimmten Situation positive oder
negative Konsequenzen nach sich zieht. In den Skinner-Boxen befanden sich
neben Reaktionsmöglichkeiten und Möglichkeiten zur Belohnung/Bestrafung

häufig auch Lichter oder Lautsprecher, um verschiedene Situationsbedingungen zu realisieren. Wird beispielsweise das Picken auf eine Taste nur dann bekräftigt, wenn die Taste mit Licht bestimmter Wellenlänge beleuchtet wird, lernen die Tauben diese Situationsabhängigkeit und picken am häufigsten bei Licht dieser Wellenlänge (Guttman & Kalish, 1956). Sie picken bei Licht ähnlicher Wellenlänge aber immer noch häufiger als bei unähnlichem Licht, d.h. das Verhalten generalisiert auf ähnliche Situationen.

Werden die Versuchstiere in der Lernphase mit zwei verschiedenen Situationsbedingungen konfrontiert und nur unter einer Bedingung wird eine Verhaltensweise belohnt, lernen die Tiere, diese Bedingungen zu diskriminieren. Jenkins und Harrison (1962) belohnten, wenn ein 1000-Hz-Ton präsentiert wurde und die Tauben auf eine Taste pickten. Bei einem 950-Hz-Ton wurde das Picken der Taste niemals verstärkt. Die Tauben lernten die Töne zu diskriminieren und pickten sehr häufig beim 1000-Hz-Ton und nur sehr selten beim 950-Hz-Ton. Tiere lernen also, unter welchen Bedingungen bestimmte Verhaltensweisen erfolgreich sind.

Interessanterweise pickten die Tauben in der Untersuchung von Jenkins und Harrison am häufigsten bei einem 1050-Hz-Ton. Dies ist ein typisches Phänomen beim Diskriminationslernen. Eine mögliche Erklärung ist, dass die Tiere für beide Situationen unterschiedliche Assoziationen erworben haben. Die 1000-Hz-Ton-Bedingung, unter der das Picken belohnt wurde, ist mit Picken assoziiert. Die 950-Hz-Ton-Bedingung, unter der das Picken nie belohnt wurde, ist mit einem anderen Verhalten, z.B. Nichtstun, assoziiert. Da beide Töne relativ ähnlich sind, generalisiert die assoziierte Verhaltensweise auf die andere Bedingung. Folglich ruft die 1000-Hz-Ton-Bedingung sowohl das Pickverhalten als auch (in einem geringeren Ausmaß) das Nichtstun auf. Die 1050-Hz-Ton-Bedingung dagegen ruft kaum noch das Nichtstun auf, da sie eher unähnlich zur 950-Hz-Ton-Bedingung ist. Deshalb wird in dieser Bedingung häufiger gepickt als in der 1000-Hz-Ton-Bedingung (für eine ausführliche Diskussion siehe Pearce, 1997).

3.3 Lernen komplexerer Assoziationen

Beim klassischen und operanten Konditionieren werden auch komplexere Assoziationen zwischen mehreren Stimuli oder zwischen mehreren Reaktionen bzw. Reaktionsketten und erwarteter Verstärkung gelernt. Hier erläutern wir einige Beispiele für das Lernen komplexerer Assoziationen: Klassisches

Konditionieren höherer Ordnung, Shaping und Chaining beim operanten Konditionieren, sensorisches Vorkonditionieren und den Erwerb von Reaktions-Effekt Assoziationen.
Klassisches Konditionieren höherer Ordnung. Pavlov demonstrierte klassisches Konditionieren höherer Ordnung bei Hunden. Zunächst präsentierte er einen ersten neutralen Reiz (z. B. einen Ton) so oft gepaart mit Futter, dass dieser zum konditionieren Reiz (CS) wurde und bei alleiniger Darbietung den Speichelreflex auslöste. Anschließend wurde dieser konditionierte Stimulus mit einem weiteren neutralen Reiz (z. B. einem schwarzen Quadrat) mehrfach gepaart präsentiert, ohne dass Futter folgte. Dieser *konditionierte Reiz 2. Ordnung* löste schließlich bei alleiniger Darbietung den Speichelreflex aus. Die Versuchstiere lernten nach Pavlovs Ansicht eine Assoziationskette Quadrat-Ton und Ton-Futter (zitiert nach Lieberman, 2004).
Shaping und Chaining beim operanten Konditionieren. Beim operanten Konditionieren brachte Skinner den Versuchstieren sehr komplexe Verhaltensweisen durch stufenweise Annäherung der *Verhaltensformung (Shaping)* bei. Beispielsweise brachte er Tauben bei, sich im Kreis zu drehen. Dazu wartete der Experimentator, bis die Taube eine leichte Bewegung in die gewünschte Richtung ausführte und verstärkte diese Bewegung sofort durch Futter. Nach einigen Belohnungen dieser Bewegung führte die Taube diese häufiger aus. In der nächsten Stufe wurde nur noch eine etwas stärkere Bewegung in die gewünschte Richtung verstärkt. Als Folge dieser Belohnung führte die Taube häufiger stärkere Bewegungen aus. Allmählich wurden nur noch immer stärkere Drehungen und schließlich wurden nur noch komplette Drehungen im Kreis verstärkt. Diese Methode der langsamen Annäherung an gewünschte Verhaltensweisen wird in der Dressur von Tieren angewendet. Mittels Shaping können sehr komplexe Verhaltensabfolgen, wie z. B. Walzertanzen von Tauben, erzeugt werden.
Eine weitere Technik zum Erlernen komplexer Verhaltensfolgen ist die *Verkettung von Verhalten (Chaining)*. Zunächst wird das Verhalten, das zuletzt in der Reaktionskette ausgeführt werden soll, mit Futter verstärkt, wenn ein bestimmter diskriminativer Reiz (Reiz n) präsentiert wird. Nach einigen Lerndurchgängen wird dieses Verhalten immer gezeigt, sobald der diskriminative Reiz erscheint. Dann erzeugt das Verhalten, das als vorletztes in der Kette auftreten soll, bei Darbietung eines anderen diskriminativen Reizes (Reiz n–1) den diskriminativen Reiz n. Reiz n wirkt als sekundärer Verstärker, da er mit Futter assoziiert ist (das verlässlich auf den Reiz n folgt, wenn das letzte Verhalten der Kette gezeigt wird). Durch die Verkettung von diskriminativen

Reizen mit Verhaltensweisen, werden Reaktionsketten vom Ende beginnend gelernt. Im Gegensatz dazu erfolgt die Verhaltensformung beim Shaping vom Beginn der komplexen Verhaltensabfolge.

Üblicherweise wird beim operanten Konditionieren eine bestimmte Verhaltensweise oder eine Kette von Verhaltensweisen verstärkt. Erstaunlicherweise beobachtete Skinner (1948) aber sogar dann Verhaltensänderungen bei Tauben, wenn die Verstärkung völlig unabhängig vom Verhalten der Tauben dargeboten wurde, z.B. wenn alle 15 Sekunden Futter präsentiert wurde. Die Tauben zeigten nach dieser festen Intervallverstärkung verschiedene, zum Teil bizarre Verhaltensweisen. Beispielsweise drehte sich eine Taube während des 15 Sekunden Intervalls mehrmals gegen den Uhrzeigersinn. Skinner vermutete, dass hier eine *Selbstausformung (auto-shaping)* des Verhaltens stattgefunden habe. Jeder Gabe von Futter geht zufällig irgendein Verhalten voran. Dieses zufällige Verhalten wird verstärkt und damit die Wahrscheinlichkeit für das erneute Auftreten dieses Verhaltens erhöht. Erfolgt dann zufällig wieder die Futtergabe, wird das Verhalten erneut verstärkt. Schließlich formen sich so beliebige Verhaltensmuster aus. Skinner nannte dieses Verhalten *abergläubisch*, da die Tauben sich so verhielten, als würde ihr Verhalten die Futtergabe kontrollieren.

Sensorisches Vorkonditionieren. In einem typischen Experiment zur sensorischen Vorkonditionierung werden zwei neutrale Stimuli, z.B. ein Ton- und ein Lichtreiz, in kurzer Aufeinanderfolge dargeboten. Anschließend wird einer dieser Stimuli, z.B. der Lichtreiz, mit einem US, z.B. einem elektrischen Schlag, gepaart, und es tritt eine UR auf, z.B. eine Vermeidungsreaktion (Rizley & Rescorla, 1972). Nach dieser Lernphase löst die Darbietung des Lichtreizes (der nun zum CS wurde) die Vermeidungsreaktion (CR) aus. Erstaunlicherweise löst aber auch die Darbietung des Tons eine Vermeidungsreaktion aus. Vermutlich wurde in der ersten Lernphase eine Assoziation zwischen Ton und Lichtreiz erworben. Anschließend wird eine Assoziation zwischen Lichtreiz und elektrischem Schlag gelernt. Wenn dann der Ton präsentiert wird, löst dies die Erwartung aus, dass der Lichtreiz und damit verbunden auch der elektrische Schlag erscheinen werden.

Reaktions-Effekt Erwartungen. Die Rolle von Reaktions-Effekt Erwartungen beim operanten Konditionieren wurde schon durch Tinkelpaugh (1928) durch anekdotische Evidenz beschrieben. Tinkelpaugh belohnte ein Affenweibchen für das Öffnen einer Futterbox wiederholt mit einer Banane. Dann tauschte er die Banane gegen ein Salatblatt. Aus behavioristischer Sicht würde man erwarten, dass sowohl Banane als auch Salatblatt als positiver Verstärker wirken sollten. Als das Affenweibchen aber die Futterbox öffnete und das Salatblatt entdeckte, suchte es nach der gewohnten Banane, anstatt das Salatblatt zu essen. Es scheint, dass das Tier die übliche Belohnung erwartete.

Diese anekdotische Evidenz weist darauf hin, dass beim operanten Konditionieren nicht S-R Assoziationen erworben werden, sondern dass Reaktions-Konsequenz Assoziationen bzw. Reaktions-Effekt Erwartungen gelernt werden und dass eine Reaktion (bzw. eine bestimmte Verhaltensweise) ausgeführt wird, um bestimmte Effekte zu erzeugen. Die überzeugendsten Befunde für die Bildung von Reaktions-Effekt Erwartungen stammen von sogenannten *Devaluations-Experimenten.* Colwill und Rescorla (1985) untersuchten beispielsweise Ratten, die in einem Käfig an einer Kette zerren oder aber einen Hebel drücken konnten. Beide Verhaltensweisen wurden bekräftigt, jedoch mit unterschiedlichen Verstärkern. Wenn die Ratten an der Kette zerrten, erhielten sie beispielsweise Futterkugeln und wenn sie den Hebel herunterdrückten Zuckerlösung (oder umgekehrt). Behavioristen würden vermuten, dass die Situation (der Käfig) mit den beiden Reaktionsalternativen assoziiert wird, so dass beide Alternativen in dieser Situation mit höherer Wahrscheinlichkeit ausgeführt werden. Heute dagegen vermuten wir, dass die Ratten lernen, welche Verhaltensweise zu welchen Konsequenzen führen und dass sie die erworbenen Reaktions-Effekt Erwartungen nutzen, um jeweils intendierte Handlungseffekte zu erreichen. Dies belegten Colwill und Rescorla durch die Entwertung (Devaluation) eines Verstärkers. Nach der Lernphase bekamen die Ratten einen der beiden Verstärker (z. B. Futterkugeln) zu essen und im Anschluss an das Essen wurde ihnen ein mildes Gift appliziert, das Übelkeit auslöst. Dadurch wurde dieser Verstärker (z. B. die Futterkugeln) entwertet, so dass er nicht länger eine anzustrebende Nahrung war. Nach der Devaluation eines Verstärkers führten die Ratten zurück im Käfig kaum noch die Reaktion aus, die den entwerteten Verstärker erzeugt hatte, sondern hauptsächlich die andere Reaktion, die in der Lernphase den weiterhin wertvollen Verstärker erzeugt hatte. Dies belegt, dass die Ratten in der ersten Lernphase tatsächlich gelernt hatten, welcher Verstärker (Effekt) durch welche Reaktion erzeugt wurde.

Aktuell werden für das klassische und operante Konditionieren in der Kognitionspsychologie also Assoziationen von Stimulus-Stimulus und von Reaktion-Konsequenz oder Reaktion-Effekt als Erklärung bevorzugt (zum Lernen von Handlungs-Effekt Relationen siehe Kapitel 6.2). Es gibt jedoch auch einige Hinweise, dass neben Stimulus-Stimulus und Reaktions-Effekt Assoziationen tatsächlich auch Stimulus-Reaktions Assoziationen wirken. Beispielsweise führten die Ratten in der Untersuchung von Colwill und Rescorla ab und zu die Reaktion aus, die den entwerteten Verstärker erzeugt hatte. Vermutlich hatte sich bei den Ratten ein gewohnheitsmäßiges Ausführen der Verhaltensweise ausgebildet, das automatisch und unabhängig von den aktuellen Handlungszielen ausgeführt wurde.

3.4 Biologische Prädispositionen beim assoziativen Lernen

Ursprünglich nahmen Lernforscher an, dass durch Konditionierung jede Art von S-R Verbindung gelernt werden kann. Im Widerspruch zu dieser Annahme demonstrierten Garcia und Koelling (1966), dass bestimmte Assoziationen bevorzugt gelernt werden. In ihrer Studie tranken durstige Ratten in einer Lernphase gesüßtes Wasser, während Licht- und Tonreize präsentiert wurden. Einer Gruppe von Ratten wurde anschließend ein Mittel injiziert, das Übelkeit auslöste, während eine andere Gruppe von Ratten einen leichten elektrischen Schlag erhielt. Die ursprünglich neutralen Reize (süßer Geschmack und Licht- und Tonreize) wurden also in einer Versuchsgruppe mit Übelkeit (US_1) und in einer anderen Gruppe mit einem elektrischen Schlag (US_2) gepaart. Wenn jegliche CS-US Verbindungen gelernt werden, dann sollten beide Versuchsgruppen das Wassertrinken vermeiden (CR), wenn einerseits süßes Wasser und andererseits Licht- und Tonreize präsentiert werden. Interessanterweise vermieden Ratten, bei denen Übelkeit erzeugt worden war, das Wassertrinken nur bei süßem Wasser, nicht aber bei Licht- und Tonreizen. Die Ratten, die einen elektrischen Schlag erhalten hatten, vermieden nur bei Licht- und Tonreizen zu trinken, während sie süßes Wasser weiterhin tranken. Die CS wurden also selektiv mit bestimmten US assoziiert. Es scheint, dass Geschmacksreize einfacher mit Übelkeit assoziiert werden und Licht- und Tonreize einfacher mit elektrischen Schlägen.

Seligman (1970) prägte den Begriff *Preparedness* für diese speziesspezifischen Lerndispositionen. Bestimmte Reize und Verhaltensweisen haben eine biologische Relevanz oder *Zusammengehörigkeit (belongingness)* und lassen sich einfacher konditionieren als solche, die in natürlichen Umwelten typischerweise nicht auftreten. Es scheint angeborene Bevorzugungen für bestimmte Assoziationen zu geben, die für die jeweilige Spezies evolutionsbiologisch vorteilhaft sind. Besonders Geschmacksaversionslernen scheint über eine hohe genetische Disposition zu verfügen. Hier genügt oft schon ein einziger Lerndurchgang *(One-Trial Learning)*, also die einmalige Paarung von Geschmack mit Übelkeit/Erbrechen, um langandauernde Geschmacksaversionen auszulösen. Dieses Geschmacksaversionslernen hat beispielsweise praktische Relevanz bei Chemotherapie, die bei vielen Patienten Übelkeit erzeugt. Patienten, die kurz vor einer chemotherapeutischen Behandlung eine bestimmte Eiscreme aßen, entwickelten nach der Chemotherapie eine Aversion gegen genau diesen Eiscremegeschmack (Bernstein, 1978).

3.5   Zusammenfassung

In diesem Kapitel haben wir wichtige Basisphänomene der Konditionierung diskutiert. Der Erwerb und die Löschung von Assoziationen zwischen Reizen und Reaktionen und nachfolgenden Konsequenzen hängen von verschiedenen Faktoren ab, wie z. B. Stärke des CS, zeitlicher Abstand von CS und US, oder Art der Verstärkung. Beim klassischen und operanten Konditionieren findet eine Generalisierung der gelernten Assoziationen auf ähnliche Reizbedingungen statt. Sind diese ähnlichen Reizbedingungen jedoch mit anderen Reizen oder anderen Konsequenzen assoziiert, dann findet Diskrimination statt, d. h. es werden unterschiedliche Assoziationen gelernt.

Mittels Konditionierung können nicht nur einfache Assoziationen zwischen zwei Stimuli oder zwischen Reaktion und Konsequenz gelernt werden, sondern auch komplexere Assoziationen. Dies haben wir an Untersuchungen zum klassischen Konditionieren höherer Ordnung, zum Shaping und Chaining beim operanten Konditionieren, zum sensorischen Vorkonditionieren und am Beispiel von Reaktions-Effekt Erwartungen belegt. Vor allem Experimente zum sensorischen Vorkonditionieren und zur Reaktions-Effekt Erwartung unterstützen die Annahme, dass beim klassischen und operanten Konditionieren Stimulus-Stimulus und Reaktions-Effekt Erwartungen gebildet werden, und nicht Stimulus-Reaktions Assoziationen, wie strikte Behavioristen angenommen haben (z. B. Guthrie, 1935).

Schließlich haben wir besprochen, dass assoziatives Lernen von biologischen Prädispositionen abhängt. Biologisch relevante Assoziationen zwischen Reizen oder Reaktionen und Effekten werden sehr schnell, zuweilen schon bei einmaliger Paarung der Reize, erworben (One-Trial Learning).

📖 *Weiterführende Literatur*

Koch, I. (2008). Konditionieren und implizites Lernen. In J. Müsseler (Hrsg.), *Allgemeine Psychologie* (2. Auflage)(S. 338–374). Heidelberg: Spektrum.
Lieberman D. A. (2004). *Learning and memory. An integrative approach*. Wadsworth. Belmont USA.

4 Rolle der Kontingenz beim assoziativen Lernen

Beim klassischen und operanten Konditionieren hängt die Stärke des Lernens von der räumlichen und zeitlichen Nähe der Ereignisse (Kontiguität) ab. Determiniert wird die Stärke des Lernens aber vor allem durch die Kontingenz der Ereignisse, also dadurch, inwiefern der CS den US vorhersagt oder die Reaktion die Konsequenz. Dabei wird sogar gelernt, dass ein Reiz das Ausbleiben eines zweiten Reizes vorhersagt (Konditionierte Inhibition), und Reize werden nur dann als Prädiktoren gelernt, wenn der unkonditionierte Reiz nicht bereits durch andere Reize vorhergesagt wird (Blockierung). Zum Abschluss des Kapitels erläutern wir das Rescorla-Wagner-Modell, ein einfaches mathematisches Modell, dass den Lernverlauf in Abhängigkeit der Kontingenz vorhersagt und das viele Phänomene beim Lernen (wie Blockierung und biologische Prädispositionen) erklären kann.

4.1 Räumliche und zeitliche Nähe – Kontiguität

Kontiguität zwischen CS und US (klassisches Konditionieren). In Kapitel 3.1 haben wir besprochen, dass die Schnelligkeit und Stärke des Lernens von der Intensität des US (z. B. der Stärke eines Luftstoßes) abhängt. Weiterhin spielt die Häufigkeit der Paarung von CS und US eine wichtige Rolle für das Ausmaß des Lernens. Je häufiger CS und US gemeinsam auftreten, umso mehr Lernen findet statt. Lernen hängt aber nicht nur davon ab, wie oft der CS gemeinsam mit dem US dargeboten wird, sondern auch, in welcher räumlichen und zeitlichen Beziehung der CS zum US präsentiert wird. Allgemein lässt sich hier festhalten, dass typischerweise dann am besten gelernt wird, wenn der CS in räumlicher Nähe zum US erfolgt und wenn der CS zeitlich kurz vor dem US präsentiert wird. Raum-zeitliche *Kontiguität* zwischen CS und US scheint ein wichtiger Prädiktor für den Lernerfolg zu sein.

Kontiguität zwischen Reaktion und Konsequenz (operantes Konditionieren). Auch beim operanten Konditionieren ist Kontiguität, also zeitliche und räumliche Nähe von Reaktion und Konsequenz, wichtig. In Tierversuchen wurde gezeigt, dass am besten gelernt wird, wenn der Verstärker etwa 500 ms nach der Reaktion erscheint (Grice, 1948). Auch beim menschlichen Lernen von Kausalität in operanten Lernsituationen ist es hilfreich, wenn der Effekt unmittelbar nach dem Verhalten erscheint. Wenn Sie beispielsweise einen Getränkeautomaten bedienen, sollte sofort nach Münzeinwurf und dem Drücken einer entsprechenden Getränkewahltaste das gewünschte Getränk erscheinen. Selbstverständlich ist hier auch die räumliche Nähe wichtig. Würde das Getränk am benachbarten Automaten erscheinen, würden Sie sich selbst kaum als Verursacher sehen.

4.2 Relative Information – Kontingenz

Frühe Theorien zum klassischen und operanten Konditionieren haben postuliert, dass die Kontiguität, also das räumliche und zeitliche Zusammentreffen von CS und US und von Reaktion und Konsequenz, für den Lernerfolg ausschlaggebend sind. Weitere Untersuchungen zeigen jedoch, dass nicht allein die Kontiguität das Ausmaß des Lernens bestimmt, sondern dass vor allem die *Kontingenz*, der Zusammenhang zwischen CS und US bzw. Reaktion und Konsequenz, wichtig ist.

Kontingenz zwischen CS und US (klassisches Konditionieren). Abbildung 4.1 zeigt den Unterschied zwischen Kontiguität und Kontingenz. Im unteren Teil der Abbildung kündigt der CS zuverlässig den US an. Der US erscheint niemals ohne den CS, d. h. es besteht nicht nur Kontiguität, sondern auch Kontingenz zwischen CS und US. Im oberen Teil der Abbildung ist die Häufigkeit von CS und US Paarungen genauso hoch wie im unteren Teil, d. h. die Kontiguität zwischen CS und US ist gleich. Der US tritt hier aber auch alleine auf, ohne dass der CS präsentiert wird (d. h. die Basisrate des US ist hoch). Deshalb ist die Kontingenz zwischen CS und US geringer als im unteren Teil der Abbildung.

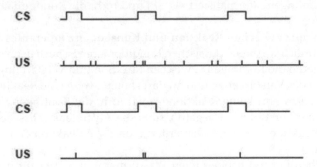

Abbildung 4.1: Der Unterschied zwischen Kontiguität (im oberen und unteren Teil gleich) und Kontingenz (im oberen Teil geringer). Adaptiert nach Rescorla (1988).

Formal ausgedrückt ist die Kontingenz zwischen CS und US die Differenz der Wahrscheinlichkeit (ΔP), dass der US auftritt, wenn der CS erschienen ist, und der Wahrscheinlichkeit, dass der US auftritt, wenn der CS nicht erschienen ist:

$$\Delta P = P(US|CS) - P(US|\neg CS)$$

Dabei kann P(US|CS) als ein Maß für die CS-US Kontiguität gesehen werden, während P(US|¬CS) als Maß für die Basisrate von US interpretiert werden kann. Im unteren Teil der Abbildung ist P(US|CS) = 1 und P(US|¬CS) = 0; die Kontingenz von CS und US erreicht den Maximalwert mit ΔP = 1. Im oberen Teil ist P(US|CS) = 1 und P(US|¬CS) > 0; die Kontingenz zwischen CS und US ist ΔP < 1. Der CS sagt also nur wenig über das Auftreten des US aus, da der US auch ohne den CS erscheint. Die Kontingenz zwischen CS und US (ΔP) kann Werte zwischen −1 und 1 annehmen. Ist die Kontingenz −1, so tritt nach dem CS niemals der US auf bei gleichzeitig hoher Basisrate des US. Tritt dagegen der US ausschließlich dann auf, wenn zuvor der CS erschienen ist, ist die Kontingenz 1.

Eine Untersuchung von Rescorla (1968), in der die Basisrate des US variiert wurde, zeigt, dass die Erhöhung der Kontiguität (Erhöhung von P(US|CS)) keinen Einfluss auf das Lernen hat, wenn gleichzeitig die Basisrate für den US (P(US|¬CS)) erhöht wird, d.h. wenn gleichzeitig die Auftretenshäufigkeit des US ohne den CS erhöht wird und damit ΔP konstant bleibt. Stattdessen findet bei gleichbleibender Kontiguität mehr Lernen statt, wenn die Basisrate des US geringer ist. Ausschlaggebend für die Stärke der Konditionierung ist also die Kontingenz (formalisiert als ΔP) und nicht die Kontiguität zwischen CS und US.

Kontingenz zwischen Reaktion und Konsequenz (operantes Konditionieren). Ähnlich wie beim klassischen Konditionieren ist auch beim operanten Konditionieren die Kontingenz zwischen Reaktion und Verstärkung entscheidend. Wird der Verstärker ab und an dargeboten, wenn eine Reaktion erfolgt, aber häufiger, wenn keine Reaktion erfolgt (d.h. die Kontingenz zwischen Reaktion und Verstärker ist negativ), sinkt die Auftretenswahrscheinlichkeit für diese Reaktion. Das Versuchstier lernt, dass die Reaktion den Verstärker verhindert.

Denselben Befund beobachteten Wassermann et al. (1993) für das Reaktions-Konsequenz Lernen (Response-Outcome Learning, siehe Kapitel 2.4). Probanden drückten eine Taste und zuweilen ging ein Licht an, entweder als Konsequenz des Tastendrucks oder ohne vorherigen Tastendruck. Variiert wurde die Wahrscheinlichkeit, mit der das Licht (Outcome) dem Tastendruck (Response) folgte, $P(O|R)$, und die Wahrscheinlichkeit, dass das Licht anging, ohne dass die Taste gedrückt wurde, $P(O|\neg R)$. Versuchspersonen empfanden sich selbst eher als kausale Ursache für das Angehen des Lichts je größer $P(O|R)$ und je kleiner $P(O|\neg R)$ war. Und die Versuchspersonen gaben an, das Licht nicht zu verursachen, wenn $P(O|R)$ kleiner war als $P(O|\neg R)$, d.h. wenn das Licht häufiger anging, wenn sie die Tasten nicht drückten, als wenn sie die Taste drückten. Das menschliche Kausalitätsempfinden beim Reaktions-Konsequenz Lernen hängt somit ebenso von Kontingenz ab wie das Ausmaß des Lernens beim operanten Konditionieren in tierexperimentellen Studien.

4.3   Konditionierte Inhibition

In bestimmten Situationen wird gelernt, ohne dass Kontiguität vorliegt. Der Kürze halber beschreiben wir hier nur ein Beispiel aus der Forschung zum klassischen Konditionieren. Wenn der US immer alleine, d.h. niemals als Folge des CS auftritt, dann wird der CS als Indikator genutzt, dass der US sicherlich nicht erscheinen wird. In diesem Fall kann ein Verhalten beobachtet werden, als würde der US nicht erwartet werden. Dieses Phänomen wird als *konditionierte Inhibition* beschrieben.

Üblicherweise wird konditionierte Inhibition in Versuchsbedingungen mit zwei konditionierten Stimuli gezeigt. In einem Experiment von Zimmer-Hart und Rescorla (1974) beispielsweise kündigte ein Ton (CS_1) einen elektrischen Schlag (US) an. Der elektrische Schlag (US) führte zum Unterdrücken aller

Aktivität (UR). Unterdrückt der CS_1 alleine jegliche Aktivität, wird dies als *konditionierte emotionale Reaktion (conditioned emotional response, CER)* bezeichnet. Weiterhin wurde ein Lichtreiz (CS_2) präsentiert, der niemals gemeinsam mit dem US erschien. Dieser CS_2 ist also ein Signal, dass sicher kein elektrischer Schlag erscheinen wird. Wurden der Ton und der Lichtreiz gemeinsam, als sogenannter Compound-Reiz, präsentiert und es folgte nie ein elektrischer Schlag, zeigten die Versuchstiere zunächst noch die CER. Im Laufe des Versuchs nahm die CER auf den Compound-Reiz ab und verschwand fast vollständig. Die Versuchstiere scheinen gelernt zu haben, dass der elektrische Schlag niemals auf den Lichtreiz (CS_2) folgte.

4.4 Blockierung

Blockierung ist ein weiteres wichtiges Phänomen, das deutlich macht, dass auch *Kontingenz* alleine als Erklärungsmechanismus für Lernen nicht ausreicht. Kamin (1969) untersuchte konditionierte Furchtreaktionen bei Ratten. In einer Experimentalbedingung wurde zunächst ein Ton (CS) vor einem elektrischen Schlag (US) präsentiert und löste nach einigen Lerndurchgängen eine CER (konditionierte emotionale Reaktion) aus. Nach dieser ersten Lernphase wurde in einer zweiten Lernphase der gleiche Ton gemeinsam mit einem Lichtreiz präsentiert und es folgte ein elektrischer Schlag. In einer anschließenden Testphase wurde lediglich der Lichtreiz präsentiert. Wenn Kontingenz zwischen Lichtreiz und elektrischem Schlag ausreichend für Lernen wäre, sollte auf den Lichtreiz hin eine CER folgen. Dem war aber nicht so, die meisten Ratten zeigten keinerlei Furchtreaktion auf den Lichtreiz. Um sicherzustellen, dass der Lichtreiz an sich als Prädiktor für den elektrischen Schlag gelernt werden kann, wurde in einer Kontrollbedingung der Ton und der Lichtreiz sofort gemeinsam präsentiert und von einem elektrischen Schlag gefolgt. In dieser Kontrollbedingung, in der die erste Lernphase wegfiel, zeigten die Ratten auf den Lichtreiz hin die konditionierte Furchtreaktion. Es scheint, als habe die bereits existierende Assoziation zwischen Ton und elektrischem Schlag die Bildung einer weiteren Assoziation zwischen Lichtreiz und elektrischem Schlag blockiert.

Das Phänomen der Blockierung kann nicht alleine durch die Notwendigkeit von Kontingenz zwischen CS und US erklärt werden, denn in der zweiten Lernphase wurde der Lichtreiz kontingent mit einem elektrischen Schlag gepaart. Für Lernen scheint es zusätzlich zur Kontingenz zwischen CS und US notwendig zu sein, dass der CS einen unerwarteten US vorhersagt. In der zweiten Lernphase wird der elektrische Schlag (US) immer durch den Tonreiz (CS) vorhergesagt. Der Lichtreiz wird nicht als weiterer Prädiktor gelernt. In der Kontrollgruppe dagegen erscheint der US unerwartet nach der gemeinsamen Präsentation von Tonreiz und Lichtreiz. Hier wird der Lichtreiz (und auch der Tonreiz) als Prädiktor für den elektrischen Schlag gelernt.

Ähnliche Phänomene der Blockierung gibt es auch beim Kausalitätslernen beim Menschen. Wenn ich Tomaten esse und danach eine allergische Reaktion habe und am nächsten Tag esse ich Nudeln mit Tomatensoße und reagiere wieder allergisch, kann ich schlussfolgern, dass ich nicht gegen Nudeln allergisch bin, obwohl Nudeln und die allergische Reaktion kontingent aufgetreten sind. Hier blockiert die bereits existierende Assoziation zwischen Tomaten und Allergie das Lernen einer neuen Assoziation von Nudeln und Allergie.

Diese Art der Blockierung funktioniert auch rückwärts gerichtet. Wenn ich Nudeln mit Tomatensoße esse und danach eine allergische Reaktion habe, und am nächsten Tag Tomaten esse und wieder eine allergische Reaktion erleide, dann kann ich den Schluss ziehen, dass ich nicht gegen Nudeln allergisch bin, obwohl ich ja am Vortag eine Assoziation zwischen Nudeln und Allergie hätte bilden können (oder möglicherweise auch gebildet habe). Dieses Phänomen wird als *Rückwärts-Blockierung* bezeichnet, da eine frühere Assoziation zwischen zwei Reizen durch eine *nachfolgend* erworbene Assoziation blockiert wird (Shanks, 2010, für eine Übersicht).

4.5   Rescorla-Wagner-Modell

Rescorla und Wagner (1972) veröffentlichten ein Modell, das die meisten Phänomene beim Konditionieren, z. B. Lernverlauf, Löschung, Kontingenz, Blockierung und Preparedness, erklären kann. Das *Rescorla-Wagner-Modell* besteht erstaunlicherweise aus nur einer einzigen Formel, die nun genauer erläutert wird. Grundlage des Modells ist die Annahme, dass Lernen (Konditionierung) nur dann stattfindet, wenn ein Ereignis überraschend eintritt. Das Ausmaß der Überraschung bzw. das Ausmaß, in dem ein Reiz unerwartet eintritt, bestimmt die Stärke der Konditionierung.

Das Modell geht davon aus, dass die Assoziation zwischen CS und US (oder auch zwischen Reaktion und Konsequenz beim operanten Konditionieren) ansteigt, wenn CS und US gemeinsam auftreten. Der Lernzuwachs bei einer gepaarten Darbietung beider Reize bestimmt sich nach dieser Gleichung:

$$\Delta V_{CSn} = \alpha\beta \, (\lambda - \Sigma \, V_n)$$

Dabei ist ΔV_{CSn} die Veränderung der Verbindungsstärke von CS und US nach diesem Lerndurchgang. V_n ist die Stärke der Assoziationen des CS mit dem US zu Beginn des Lerndurchgangs. Die Summe $\Sigma \, V_n$ ist die Stärke aller Assoziationen für den US. λ ist die maximal mögliche Verbindungstärke des CS mit dem US, dieser Wert liegt immer zwischen 0 (kein Lernen möglich) und 1 (vollständige assoziative Verbindung möglich). α und β sind Parameter, die bestimmen, wie schnell Lernen stattfindet; sie legen die Lernrate fest. Diese beiden Parameter werden durch die Art des CS und des US bestimmt. Beispielsweise ist $\alpha\beta$ dann höher, wenn der CS und der US salienter sind (also mehr beachtet werden). Wird beispielsweise ein Ton mit einem Elektroschock gepaart, so ist $\alpha\beta$ dann höher, wenn der Ton lauter ist und der Elektroschock stärker. Oder beim Beispiel der Allergie gegen Tomaten ist $\alpha\beta$ dann höher, wenn die allergische Reaktion stärker ist.

Zu Beginn des Lernen besteht noch keine Verbindung des CS mit dem US, d.h. $\Sigma \, V_n = 0$. Hier in diesem Rechenbeispiel nehmen wir an, dass $\alpha\beta = 0.4$ und $\lambda = 1$. Wird der CS gemeinsam mit dem US dargeboten, so ergibt sich

$$\Delta V_{CSn} = \alpha\beta \, (\lambda - \Sigma \, V_n) = 0.4 \, (1 - 0) = 0.4$$

Die Verbindungsstärke nach einem Lerndurchgang ist also auf 0.4 angestiegen. Nach einem weiteren Lerndurchgang ist

$$\Delta V_{CSn} = \alpha\beta \, (\lambda - \Sigma \, V_n) = 0.4 \, (1 - 0.4) = .24$$

Diese Veränderung der Verbindungsstärke um 0.24 erhöht also die bereits existierende Verbindungsstärke auf 0.64. Tabelle 4.1 und Abbildung 4.2 zeigen den Anstieg der Verbindungsstärke zwischen CS und US nach 1 bis 5 Lerntrials. Je stärker die Verbindung zwischen CS und US gelernt ist, umso weniger Lernzuwachs findet pro Lerndurchgang statt.

Wird in einer Löschungsphase der CS alleine präsentiert, ist λ (die maximal mögliche Verbindungstärke des CS mit dem US) $= 0$. Das Rescorla-Wagner-Modell sagt hier zunächst eine schnelle Abnahme der Assoziation vorher, die sich dann immer langsamer an 0 annähert (siehe Tabelle 4.1). Abbildung 4.2 zeigt die vorhergesagten Assoziationsstärken bei Erwerb und Löschung; diese stimmen sehr gut mit tatsächlichen Lernverlaufskurven überein.

Tabelle 4.1: Erwerb und Löschung nach dem Rescorla-Wagner-Modell. V_n beschreibt die Verbindungsstärke nach dem jeweiligen Lerndurchgang (Trial).

	Trial	V_n	$\Delta V_{CSn} = \alpha\beta\,(\lambda - \Sigma\,V_n)$
Erwerb	0	0	
	1	0.40	$\Delta V_1 = 0.4\,(1 - 0) = 0.4$
	2	0.64	$\Delta V_2 = 0.4\,(1 - 0.4) = 0.24$
	3	0.784	$\Delta V_3 = 0.4\,(1 - 0.64) = 0.144$
	4	0.8704	$\Delta V_4 = 0.4\,(1 - 0.784) = 0.0864$
	5	0.92224	$\Delta V_5 = 0.4\,(1 - 0.8704) = 0.05184$
Löschung	6	0.553344	$\Delta V_6 = 0.4\,(0 - 0.92224) = -0.368896$
	7	0.3320064	$\Delta V_7 = 0.4\,(0 - 0.553344) = -0.221338$
	8	0.1992038	$\Delta V_8 = 0.4\,(0 - 0.3320064) = -0.132803$
	9	0.1195223	$\Delta V_9 = 0.4\,(0 - 0.1992038) = -0.079682$
	10	0.0717134	$\Delta V_{10} = 0.4\,(0 - 0.1195223) = -0.047809$

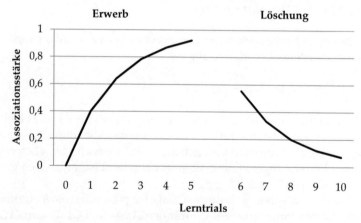

Abbildung 4.2: Erwerb und Löschung der CS-US Assoziation nach dem Rescorla-Wagner-Modell.

Mit diesem Modell lässt sich das Blockierungsphänomen von Kamin (1969) gut erklären. Ist ein CS_1 bereits vollkommen mit dem US assoziiert, d.h. $V_n = \lambda$, wird ein weiterer CS_2, der dann zusätzlich kontingent zum US erscheint, nicht mit diesem assoziiert, da der US bereits durch den CS_1 mit nahezu maximal möglicher Stärke vorhergesagt wird und der US nicht „überraschend" ist. Weiterhin erklärt das Modell, weshalb Kontingenz zwischen CS und US wichtig für erfolgreiches Lernen ist. Wird der US dargeboten, ohne dass zuvor der CS erschienen ist, dann werden andere Stimuli (also alternative CS) mit dem Erscheinen des US assoziiert. Dadurch steigt die Summe der Assoziationen (ΣV_n) von verschiedenen CS mit dem US und der zu lernende CS wird schlechter mit dem US assoziiert.

Die Stärke des Lernens, d. h. die Lernrate, wird im Modell durch die Parameter $\alpha\beta$ determiniert. Passen Reize und Verhaltensweisen gut zusammen, d. h. lassen sie sich einfach miteinander assoziieren, dann ist $\alpha\beta$ größer als für Reize, die schlecht zusammenpassen und biologisch weniger relevant sind.

Selbstverständlich hat das Modell von Rescorla und Wagner (1972) auch Limitationen, z. B. kann *Latente Inhibition* nur durch zusätzliche Annahmen modelliert werden. Latente Inhibition bezeichnet das Phänomen, dass eine CS-US Assoziation schlechter gelernt wird, wenn der CS vor dem Lernen ein paar Mal alleine (also ohne nachfolgenden US) präsentiert worden ist. Um dieses Phänomen zu erklären, muss man annehmen, dass die Lernrate $\alpha\beta$ für einen CS, der bereits alleine dargeboten wurde, geringer ist als für einen „neuen" CS, da die vorherige Darbietung des CS seine Salienz verringert. Unabhängig von den Limitationen des Rescorla-Wagner-Modells ist es jedoch erstaunlich, dass mit Hilfe einer einfachen Gleichung viele Aspekte des Konditionierens beschrieben werden können.

4.6 Zusammenfassung

In diesem Kapitel haben wir besprochen, dass die räumliche und zeitliche Nähe, d. h. die Kontiguität von CS und US bzw. von Reaktion und Konsequenz, das Ausmaß des Lernens beim Konditionieren beeinflusst. Das Ausmaß des assoziativen Lernens ist am höchsten, wenn der CS kurz vor dem US präsentiert wird bzw. wenn die Konsequenz kurz nach der Reaktion erfolgt. Wirklich determinierend für den Lernerfolg ist jedoch nicht die Kontiguität, d. h. die raum-zeitliche Nähe der Ereignisse, sondern die Kontingenz, also der Zusammenhang zwischen den beiden Ereignissen. Konditionierung funktioniert am besten, wenn der CS es ermöglicht, den US vorherzusagen, oder wenn die Reaktion die Konsequenz vorhersagt. Lernen kann sogar stattfinden, ohne dass

Kontiguität zwischen zwei Reizen vorliegt. Im Falle der konditionierten Inhibition wird der CS nicht gemeinsam mit dem US präsentiert, so dass gelernt wird, dass nach dem CS sicherlich nicht der US erscheinen wird.

Unter bestimmten Umständen findet aber selbst bei kontingenter Paarung von CS und US kein assoziatives Lernen statt. Das Phänomen der Blockierung beschreibt den Sonderfall, dass eine CS-US Assoziation nicht gelernt wird, wenn bereits ein weiterer (anderer) CS den US vorhersagt. Lernen findet also nur dann statt, wenn der US unerwartet eintritt.

Zum Abschluss des Kapitels haben wir ein einfaches Lernmodell von Rescorla und Wagner (1972) beschrieben. Dieses Lernmodell kann mit einer einzigen Formel viele der Befunde zum assoziativen Lernen erklären, wie Erwerb, Löschung, die Wichtigkeit der Kontingenz, Blockierung und biologische Prädispositionen für assoziative Lernvorgänge.

📖 *Weiterführende Literatur*

Anderson, J.R. (2000). *Learning and memory: An integrated approach* (2nd ed.). New York: John Wiley.
Miller, R.R., Barnet, R.C., & Grahame, N.J. (1995). Assessment of the Rescorla-Wagner model. *Psychological Bulletin, 117,* 363–386.

5 Assoziatives Lernen in der Verhaltenstherapie – Anwendungsbeispiele

In diesem Kapitel wird der Leser ausschnittsweise über Erklärungsmodelle für die Entstehung von Störungen informiert, sowie über praktisch-klinische Anwendungen lernpsychologischer Basisphänomene. Die Lernprinzipien des Konditionierens wurden auch auf den Menschen übertragen und beispielsweise als Modelle für den Erwerb und die Aufrechterhaltung von Phobien und bestimmen Erscheinungsformen von Depression genutzt. Da Gelerntes auch verlernt bzw. umgelernt werden kann, werden Lernprinzipien im Rahmen der Verhaltenstherapie zur Behandlung von Störungen angewendet. Exemplarisch werden Belohnung und Bestrafung als Therapiemethoden skizziert am Beispiel der Münzverstärkung (Token Economy) und der Aversionstherapie. Anschließend werden noch kurz Techniken zur Selbstkontrolle besprochen.

5.1 Vermeidungslernen als Modell für Phobien – Zwei-Faktoren-Theorie von Mowrer

Mowrer (1947) entwickelte eine Zwei-Faktoren-Theorie, die genutzt wird, um die Entstehung von Phobien durch klassisches Konditionieren und deren Aufrechterhaltung durch operantes Konditionieren zu erklären. Empirische Evidenz für diese Theorie gibt es aufgrund ethischer Gründe vor allem aus Tierversuchen. In einer Studie von Solomon und Wynne (1953) beispielsweise saß ein Hund in einem Käfig mit einer Barriere in der Mitte, die der Hund überspringen konnte. Wenn auf einer Seite des Käfigs das Licht ausging (CS), folgte nach 10 Sekunden ein elektrischer Schlag (US), der Angst auslöste (UR). Der Hund konnte den elektrischen Schlag vermeiden, wenn er vor Ablauf der 10 Sekunden auf die andere Seite des Käfigs sprang. Dieses Vermeidungsverhalten wurde also negativ verstärkt, da durch das Springen eine erwartete negative Konsequenz (der elektrische Schlag) ausblieb (CR-) und damit die *Angst*, einen elektrischen Schlag zu erhalten, reduziert wurde. Vermeidungsverhalten ist extrem löschungsresistent. Selbst wenn kein elektrischer Schlag mehr präsentiert wurde, sprang der Hund immer auf die andere Käfigseite, sobald das Licht ausging. Vermutlich wurde das Springen ständig weiterhin negativ verstärkt, da der erwartete elektrische Schlag jeweils ausblieb und deshalb die Angst vor dem elektrischen Schlag jeweils abnahm. Da der Hund niemals in der Käfigseite blieb, konnte er folglich nicht erfahren, dass kein weiterer elektrischer Schlag präsentiert wurde.

Analog wird für die Entstehung von Phobien bei Menschen vermutet, dass der Phobiker zunächst einen neutralen Stimulus (z. B. eine Spinne) gemeinsam mit einem angstauslösenden Stimulus (z. B. der Schrei einer Bezugsperson) erlebt hat und fortan als CS mit dem US verbindet (siehe Abbildung 5.1). In diesem Fall genügt oft bereits die einmalige Kombination von CS und US, um eine dauerhafte CS-US Assoziation zu bilden, es findet also sogenanntes *One-Trial Learning* statt. Als Folge der Lernerfahrung hat der Phobiker künftig Angst vor dem konditionierten Stimulus und vermeidet ihn. Jedes Mal, wenn er den konditionierten angstauslösenden Stimulus (z. B. die Spinne) vermeidet, wird das Vermeidungsverhalten negativ verstärkt, da die Angst nachlässt (CR-). Phobien (hier im Beispiel Arachnophobie, d. h. die Angst vor Spinnen) entwickeln sich, da klassisch konditionierte S-R Assoziationen (Spinne-Angst) nicht gelöscht werden, da die entsprechenden Angstreize ständig vermieden werden und somit nicht gelernt werden kann, dass die Angstreaktion unbegründet ist.

Bei der Entwicklung von Phobien ist *Preparedness* ein wichtiger Faktor. Phobien entstehen meist für evolutionsbiologisch sinnvolle Furchtreize, wie Spinnen, Schlangen, Krankheiten oder bedrohliche soziale Situationen. Phobien vor Autos sind dagegen selten, obwohl der Straßenverkehr faktisch gefährlicher ist und mehr Todesopfer fordert als z. B. Spinnenbisse. In einer Angstsituation scheinen also bestimmte biologisch relevante Stimuli eher mit der Angstsituation assoziiert zu werden als andere. Dies ist ein weiterer Beleg für angeborene Lerndispositionen (siehe Kapitel 3.4).

Die lernpsychologische Behandlung von Phobien zielt darauf ab, dem Phobiker beizubringen, dass das Vermeidungsverhalten unnötig ist und der mit Angst assoziierte Stimulus (Spinnen bei Arachnophobie, Höhe bei Akrophobie, etc.) nicht bedrohlich ist. Eine sehr effektive Methode hierzu ist die Expositionstherapie (z. B. Hand, 2005). Nach einigen Sitzungen zur Vorbereitung wird der Phobiker mit dem angstauslösenden Stimulus konfrontiert und muss solange in dieser Situation bleiben, bis die Angst nachlässt. Typischerweise steigen die subjektiv empfundene Angst und die physiologischen Angstkennwerte zunächst an, klingen aber nach 20 bis 30 Minuten ab. Dadurch wird effizient gelernt, dass das Vermeidungsverhalten unnötig und der mit Angst assoziierte Stimulus nicht realistisch bedrohlich ist. Wegen der starken physiologischen Anstrengung, die extreme Angst auslöst, kann diese Behandlung aber nur bei körperlich gesunden Personen durchgeführt werden, und sie erfordert eine sehr hohe Motivation des Phobikers. Eine weniger anstrengende Variante, in der versucht wird, den angstauslösenden Stimulus mit positiven Empfindungen zu assoziieren, ist die systematische Desensibilisierung (z.B. Linden, 2005). Der Phobiker lernt zunächst ein Entspannungsverfahren, meistens progressive Muskelrelaxation. Im entspannten Zustand stellt er sich dann den Angstreiz zuerst in einer nur sehr gering angstauslösenden Situation (z.B. eine kleine Spinne am anderen Ende des Zimmers) vor und versucht dabei weiterhin, den entspannten, angenehmen Zustand beizubehalten. Allmählich adaptiert der Phobiker an diese Vorstellung, die schließlich keine Angst mehr auslöst. In den nächsten Therapiestufen werden Angstreize vorgestellt, die ursprünglich jeweils etwas mehr angstauslösend waren. Jede Vorstellung wird mit dem Entspannungszustand assoziiert, immer solange, bis diese Vorstellung nicht mehr angstauslösend ist. Allmählich können so immer stärkere Stimuli vorgestellt und schließlich sogar real erlebt werden, ohne dass sie weiterhin Angst auslösen.

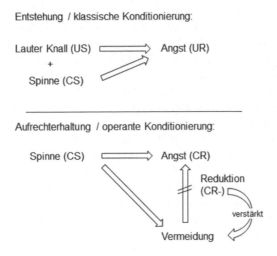

Abbildung 5.1. Schematische Darstellung der Zwei-Faktoren-Theorie von Mowrer.

5.2   Lernmodell der Depression: Erlernte Hilflosigkeit

Die im vorherigen Abschnitt erläuterte Studie von Solomon und Wynne (1953) belegt auch, dass Hunde unter normalen Umständen in der Lage sind, Vermeidungsverhalten zu lernen. Seligman und Maier (1967) untersuchten Bedingungen, in denen dieses Lernen verhindert wird. Eine Gruppe von Hunden konnte elektrische Schläge vermeiden, wenn sie einen Hebel drückten. Eine andere Gruppe von Hunden erlebten dieselben elektrischen Schläge in einem Versuchsdesign mit „Jochplan", d.h. sie erlebten dieselbe Anzahl elektrischer Schläge mit gleicher Dauer. Diese Hunde konnten aber nicht selbst beeinflussen, wann der elektrische Schlag endete und ob er überhaupt präsentiert wurde. Nach dieser Lernphase wurden beide Gruppen in einem Käfig mit einer Barriere in der Mitte getestet, wobei die Hunde beider Gruppen elektrische Schläge vermeiden konnten, wenn sie über die Barriere sprangen. Hunde der ersten Gruppe, die zuvor elektrische Schläge durch das Drücken des Hebels kontrollieren konnten, sprangen regelmäßig über die Barriere und lernten damit den elektrischen Schlag zu vermeiden. Hunde der zweiten Gruppe, die zuvor den elektrischen Schlägen unkontrollierbar ausgesetzt waren, legten sich hin und erduldeten den elektrischen Schlag. Diese Hunde versuchten kaum, den elektrischen Schlag zu vermeiden, sondern warteten lediglich ab, bis er aufhörte. Seligman nannte dieses Phänomen *„erlernte Hilflosigkeit"*. Er vermutete, dass die Hunde der zweiten Gruppe gelernt hatten, dass ihr Verhalten keinerlei Einfluss auf die elektrischen Schläge hatte und deshalb jegliche Anstrengung unterließen, um den elektrischen Schlag zu vermeiden.

In einer späteren Studie zeigten Hiroto und Seligman (1975), dass erlernte Hilflosigkeit auch bei Menschen experimentell erzeugt werden kann. Beispielsweise bearbeiteten eine Gruppe von Probanden lösbare Problemaufgaben und eine andere Gruppe von Probanden unlösbare Problemaufgaben. In der anschließenden Testphase bekamen beide Gruppen lösbare Anagramme vorgelegt. Probanden der Hilflosigkeitsgruppe lösten die Anagramme seltener und brauchten mehr Zeit für korrekte Lösungen als die Probanden, die zuvor lösbare Aufgaben bearbeitet hatten. Dieser Effekt zeigt sich selbst dann, wenn das Hilflosigkeitstraining unähnlich zur Testphase ist. Auch wenn die Probanden beispielsweise unkontrollierbare aversive Töne erleben, sind sie schlechter beim Lernen von Anagrammen.

Nach Seligman ist das Erleben der Unkontrollierbarkeit und die damit verbundene erlernte Hilflosigkeit Ursache für reaktive Depressionen (Seligman, 1975). Erlernte Hilflosigkeit führt zu Beeinträchtigungen auf kognitiver, motivationaler, emotionaler und behavioraler Ebene: Späteres Lernen wird beeinträchtigt, Menschen mit erlernter Hilflosigkeit sind passiver und sie entwickeln eine Form von Depression, die sich u.a. in Konzentrationsstörungen, Freudlosigkeit, gedrückter Stimmung und Rückzugsverhalten äußert.

Neben diesem Erklärungsmodell für die Entstehung von Depression existieren jedoch auch andere Erklärungsansätze, und es scheint verschiedene Ursachen und Auslöser für depressive Störungen zu geben. Dementsprechend ist die Behandlung unterschiedlich und umfasst neben medikamentöser Therapie und der Steigerung von angenehmen Erfahrungen auch soziale Kompetenztrainings, Problemlösetrainings und Trainings zur kognitiven Umstrukturierung negativer oder katastrophierender Gedanken (z.B. Hautzinger, 2005).

5.3   Belohnung in der Verhaltenstherapie – Münzverstärkung

Das Prinzip der *Münzverstärkung (Token Economy)* beruht auf dem operanten Konditionieren. Therapeutisch erwünschtes Verhalten wird verstärkt, um so die Auftretenswahrscheinlichkeit dieses Verhaltens zu steigern. In vielen Kontexten ist die unmittelbare Verstärkung des gewünschten Verhaltens jedoch schwierig. Zum Beispiel kann ein Schüler, der für ruhiges Studierverhalten im Klassenzimmer belohnt werden soll, nicht unmittelbar mit z.B. Herumtoben lassen auf dem Pausenhof positiv verstärkt werden, da dadurch das gewünschte Studierverhalten gestört werden würde. Um trotzdem eine unmittelbare Belohnung zu ermöglichen, werden deshalb stellvertretend Münzen (sogenannte Tokens) eingesetzt. Erwünschtes Verhalten wird dann unmittelbar auf symbolische Art verstärkt, indem sofort eine Münze gegeben wird. Diese Münzen können gesammelt werden und dann später gegen zuvor festgelegte Belohnungen eingetauscht werden.

Das Verfahren der Münzverstärkung wird sehr breit eingesetzt, z.B. bei Therapien, in schulischen und erzieherischen Kontexten und zur Rehabilitation (Ayllon & Cole, 2005; Kazdin, 1982). Wichtig für den Erfolg der Münzverstärkung ist, dass das Verstärkungssystem transparent ist und als fair erlebt wird. Deshalb werden die gewünschten Verhaltensweisen möglichst klar spezifiziert und der Umtausch der Münzen (inklusive des Eintauschkurses) gegen Verstärker, wie angenehme Aktivitäten (z.B. Fernsehen, Kino) oder auch materielle Belohnungen, vorab festgelegt. Ein großer Vorteil der Münzverstärkung ist es, dass die Verstärker mit dem Patienten selbst abgesprochen werden und deshalb auch sichergestellt ist, dass die zu erreichenden Belohnungen tatsächlich einen positiven Wert für ihn haben. Weiterhin kann Münzverstärkung nicht nur bei Einzelpersonen, sondern auch für gesamte Klassenverbände oder auch für ganze (psychiatrische) Kliniken, Strafvollzugsanstalten usw. verwendet werden. Bei der institutionellen Einsetzung von Münzverstärkung müssen genügend unterschiedliche Verstärker im Tausch gegen die Münzen angeboten werden, so dass jeder Einzelne für sich passende Belohnungen findet.

Die Münzverstärkung kann auch mit Bestrafung gepaart werden. Dazu wird gewünschtes Verhalten mit Münzen verstärkt und unerwünschtes Verhalten durch die Wegnahme von bereits gesammelten Münzen bestraft *(Response-Cost)*. Dieses kombinierte Verfahren ist beispielsweise bei hyperaktiven Kindern sehr effizient, um einen möglichst normalen Schulalltag zu erreichen.

Ein Problem der Münzverstärkung ist es, das gewünschte Verhalten auch nach dem Behandlungsende, also ohne weitere Verstärkung, aufrecht zu erhalten. Um bessere Generalisierbarkeit zu erreichen, können verschiedene Personen die Münzverstärkung durchführen. Weiterhin ist ein langsames Ausblenden der Verstärkung möglich in dem Sinne, dass allmählich mehr Münzen erforderlich sind, um eine Belohnung einzutauschen und dass sich die Zeit zwischen Gabe der Münzen und Eintausch der Belohnung verlängert. Am wichtigsten für den Therapieerfolg ist jedoch, dass sich beim Patienten eine intrinsische Motivation für das gewünschte Verhalten aufbaut. Wenn der Patient merkt, dass das erwünschte Verhalten für ihn selbst angenehm ist und in seinem sozialen Umfeld zu angenehmen Konsequenzen führt, so wird er dieses Verhalten auch ohne weitere Münzverstärkung beibehalten.

5.4   Aversionstherapie

Aus lernpsychologischer Sicht sind zwei Arten der Aversionstherapie möglich. Zum einen kann ein positiver Stimulus, der unerwünschtes Verhalten auslöst, mit einem negativen Stimulus gepaart werden, um die positive Valenz des Reizes zu verringern (klassisches Konditionieren). Oder eine Verhaltensweise kann durch negative Stimuli bestraft werden, um die Verhaltenswahrscheinlichkeit zu verringern (operantes Konditionieren). Im Rahmen von Aversionstherapien wurden beide Methoden verwendet.

Ein Beispiel für die Verknüpfung negativer Stimuli mit suchtauslösenden Stimuli durch klassische Konditionierung sind die Warnhinweise auf Zigarettenschachteln. Diese wirken besonders effizient als negative Stimuli, wenn Bilder (anstelle von wörtlichen Warnhinweisen) auf der Packung die Auswirkungen von Zigarettenkonsum explizit zeigen. Operante Aversionstherapien werden heute eher selten und nur dann eingesetzt, wenn andere Therapiemaßnahmen nicht greifen. Früher wurden zur operanten Aversionstherapie oft elektrische Schläge als negative Reize verwendet, z. B. zur Behandlung von Alkoholismus. Wenn ein Alkoholiker die Hand nach einem Glas oder einer Flasche ausstreckte, wurde ihm ein elektrischer Schlag versetzt oder aber es wurde Übelkeit durch ein Medikament bei ihm erzeugt (Davison, Neale, & Hautzinger, 2002).

Aus ethischer Sicht sind Aversionstherapien jedoch problematisch. Sie werden heute eher als Methode der zweiten Wahl betrachtet und nur dann eingesetzt, wenn andere Behandlungsmethoden unwirksam bleiben. Beispielsweise wird Bestrafung durch elektrische Schläge zur Behandlung extremer Formen der Selbstverletzung verwendet (Sandler, 2005), jedoch nur im Rahmen komplexer Therapiepläne und nur von erfahrenen Therapeuten.

Bei der Verwendung von Bestrafung, um unerwünschtes Verhalten zu vermeiden, ergeben sich oft Probleme, passende Strafreize zu finden und diese auch kontingent einzusetzen. Ein Problem bei Bestrafung im schulischen Kontext ist beispielsweise, dass Bestrafung im Sinne von Tadel zuweilen als positiver Verstärker wirkt. Kinder, die insgesamt wenig Beachtung erfahren, haben durch Fehlverhalten eine einfache Möglichkeit, Beachtung, wenn auch negativer Art, zu erreichen, so dass Tadel für diese Kinder eher eine positive Konsequenz ist. Anstelle von Bestrafung, die immer mit Aufmerksamkeit durch den Strafenden gekoppelt ist, ist es oft effizienter, unerwünschtes Verhalten zu ignorieren und dadurch zu löschen; vor allem wenn gleichzeitig positives Verhalten kontingent verstärkt wird (z. B. Williams, 1959; zitiert in Liebermann, 2004).

Ein weiteres Problem bei Bestrafung ist oft die mangelnde Möglichkeit, Bestrafung wirklich kontingent einsetzen zu können. Im Straßenverkehr beispielsweise wird zu schnelles Fahren nur sehr selten entdeckt und bestraft. In den meisten Fällen, in denen ein Fahrer bewusst zu schnell fährt, fällt die erwartete Bestrafung aus. Dieses Ausfallen der erwarteten Bestrafung kann Gefühle der Erleichterung erzeugen, da die Angst vor Bestrafung nachlässt, was im Sinne der operanten Konditionierung eine negative Verstärkung darstellt. Deshalb ist bei Bestrafung wichtig, auf Kontingenz zu achten und möglichst jedes Fehlverhalten zu bestrafen.

5.5   Selbstkontrolle

Das letztliche Ziel jeder Psychotherapie ist, dass der Patient durch die Therapie Methoden, Verhaltensweisen und Kenntnisse erlernt, um langfristig selbst mit seinen Problemen zurechtzukommen. Im Rahmen von Selbstmanagementtheorien (Kanfer, Reinecker, & Schmelzer, 2006) werden aus der Lernpsychologie Methoden der Stimuluskontrolle sowie der Selbstverstärkung und Selbstbestrafung eingesetzt, um eine möglichst starke Eigenständigkeit des Patienten und möglichst gute Generalisierung des gewünschten Verhaltens zu erreichen, so dass der Patient schließlich selbst Kontrolle über sein Verhalten erlangt.

Grundlage für die Methode der Stimuluskontrolle ist das klassische Konditionieren bzw. die Annahme, dass Verhalten durch Stimuli oder Situationen ausgelöst wird. Um unerwünschtes Verhalten, z. B. Chips naschen bei Adipositas oder Alkohol trinken bei Alkoholismus, zu vermeiden, wird dem Patienten nahe gelegt, alle Stimuli zu vermeiden, die das unerwünschte Verhalten auslösen können, also z. B. keinen Alkohol zuhause zu haben oder nicht mehr an der Stammkneipe vorbei zu gehen. Dabei ist es wichtig, auch schon Stimuli/Situationen zu vermeiden, die an den problematischen Stimulus geknüpft sind, wie z. B. Bier- oder Schnapsgläser, die mit Alkohol assoziiert sind (Reinecker, 2000). Neben den Stimuli können natürlich auch assoziativ gekoppelte Verhaltensweisen ein Verhalten auslösen. Mögliche Kopplungen sind z. B. Rauchen und Kaffeetrinken, so dass es hilfreich sein kann, bei der Raucherentwöhnung auch auf das Kaffeetrinken zu verzichten.

Stimuluskontrolle kann aber auch eingesetzt werden, um gewünschtes Verhalten zu erzeugen. Um beispielsweise effektives Studierverhalten zu erzeugen, kann es sinnvoll sein, in einer Umgebung zu lernen, die damit assoziiert ist, und die gleichzeitig wenig Stimuli bietet, die lernvermeidendes Verhalten auslösen können, wie etwa eine Bibliothek. Auch kann gewünschtes Verhalten an bereits existierendes Verhalten gekoppelt werden. Dieses *Premack-Prinzip* (Premack, 1959) sieht vor, dass ein häufiges Verhalten (Essen, Telefonieren, oder sonstige positiv verstärkte Verhaltensweisen) mit dem gewünschten, bislang seltenen Verhalten verknüpft wird, um so die Verhaltenswahrscheinlichkeit des seltenen Verhaltens zu erhöhen.

Selbstbelohnung und Selbstbestrafung ist an das operante Konditionieren angelehnt und darin begründet, dass durch positive oder negative Konsequenzen die Häufigkeit eines Verhaltens beeinflusst wird. Im Rahmen von Therapien wird Selbstbelohnung und Selbstbestrafung häufig in vertraglichen Vereinbarungen festgelegt. Beispielsweise werden bei der Raucherentwöhnung mit dem Patienten Selbstverpflichtungserklärungen geschlossen, in denen sich der Patient bereit erklärt, das unerwünschte Verhalten einzuschränken (Unland, 2000), zum Beispiel den Zigarettenkonsum von 20 auf 5 Zigaretten pro Tag zu reduzieren. Zur Selbstkontrolle werden operante Konditionierungstechniken verwendet. Wenn der Patient das gewünschte Ziel erreicht, belohnt er sich selbst, bzw. er bestraft sich, falls er das Ziel nicht erreicht. Bei der Raucherentwöhnung bspw. kann sich ein Raucher zunächst vornehmen, den Zigarettenkonsum zu reduzieren und sich dafür mit angenehmen Ereignissen (Essen gehen, Kino) belohnen. Schafft er es nicht, dieses Ziel zu erreichen, so bestraft er sich, indem er sich gewohnte angenehme Ereignisse (Fernsehen etc.) versagt.

5.6 Zusammenfassung

Die Verhaltenstherapie basiert auf den lernpsychologischen Grundlagen des Konditionierens. Einerseits werden Störungen durch Lernprozesse erklärt in der Annahme, dass das problematische Verhalten verstärkt wurde und alternatives Verhalten nicht genügend bekräftigt wurde. Andererseits werden Therapieansätze an Konditionierungsprinzipien angelehnt. Doch neben reinen Konditionierungsparadigmen sind natürlich auch viele weitere Faktoren für den Therapieerfolg wichtig, wie die therapeutische Beziehung, Einsicht und Mitarbeit des Patienten, Einbezug der Umwelt usw. Auf der Lernpsychologie aufbauende therapeutische Techniken bilden aber eine wichtige Grundlage der klinischen Psychologie (Linden & Hautzinger, 2005).

📖 *Weiterführende Literatur*

Linden, M., & Hautzinger, M. (2005). *Verhaltenstherapiemanual*. Heidelberg: Springer.

6 Lernen ohne Belohnung

Lernen in operanten Konditionierungsparadigmen erfolgt immer durch Belohnung bzw. Bestrafung. Doch auch ohne unmittelbare positive oder negative Konsequenzen lernen Menschen und Tiere. Stellen Sie sich vor, Sie befinden sich in einer fremden Stadt. Sie gehen vom Bahnhof aus los, um die Stadt zu erkunden. Würden Sie nur dann etwas über den zurückgelegten Weg lernen, wenn Sie z. B. mit einem Eis belohnt werden würden? Oder würden Sie auch dann etwas über die Anordnung von Geschäften, Plätzen und Eisdielen lernen, wenn Sie lediglich durch die Stadt schlendern?

In der lernpsychologischen Forschung wurde Lernen ohne Belohnung in vielen Tierstudien unter dem Begriff *latentes Lernen* gezeigt. In Humanexperimenten kann Lernen ohne Belohnung und vermutlich sogar ohne Lernintention in Paradigmen zum Handlungs-Effekt Lernen demonstriert werden, und das ideomotorische Prinzip erläutert, wie motorische Steuerung auf Grundlage von Handlungs-Effekt Relationen erfolgen kann. Doch Handlungseffekte können situationsabhängig unterschiedlich sein. Die situationsabhängige Differenzierung von Handlungs-Effekt Lernen wird im Lernmodell der antizipativen Verhaltenssteuerung beschrieben.

6.1 Latentes Lernen

Erste Experimente zum latenten Lernen wurden bereits in den 30er Jahren des 20. Jahrhunderts durchgeführt. Tolman und Honzik (1930) ließen Ratten durch ein komplexes Labyrinth zu einer Zielbox laufen. Das Labyrinth hatte 14 Abzweigungen, und die Lernleistung wurde gemessen als die Anzahl der falsch gewählten Abzweigungen pro Lerndurchgang. Insgesamt gab es 17 Lerndurchgänge, d. h. jede Ratte lief an 17 aufeinanderfolgenden Tagen jeweils einmal durch das Labyrinth. Die Lernleistung wurde in drei verschiedenen Versuchsgruppen erfasst (siehe Abbildung 6.1). Eine Gruppe von Ratten

wurde jeweils in der Zielbox gefüttert. Versuchstiere in dieser Gruppe mit stetiger Verstärkung machten im Verlauf des Trainings schnell weniger Fehler
und konnten am Ende des Trainings das Labyrinth mit nur 2 bis 3 Fehlern
durchlaufen. Eine weitere Gruppe von Ratten wurde niemals in der Zielbox
gefüttert. Tiere in dieser Gruppe wurden ebenfalls etwas besser und ihre Feh-
lerzahl verringerte sich im Lauf des Trainings von etwa 10 Fehlern auf etwa
6 Fehler. Wichtig ist die dritte Versuchsgruppe, die erst ab dem elften Lerntag
in der Zielbox gefüttert wurde. Diese Gruppe machte bis zum 11. Tag gleich
viele Fehler wie die niemals verstärkte Gruppe. Ab Tag 12, nachdem die Tiere
einmal in der Zielbox gefüttert worden waren, machten diese Versuchstiere
nur 2 bis 3 Fehler, und ihre Leistung war vergleichbar mit der Versuchsgruppe mit stetiger Verstärkung. Tolman und Honzik erklärten diese Befunde mit
der Annahme, dass die Versuchstiere auch ohne Belohnung den Weg durch
das Labyrinth lernen. Solange sie keine Belohnung erhielten, waren sie jedoch nicht motiviert, möglichst schnell durch das Labyrinth zu laufen. Erst
nachdem die Zielbox durch das Futter eine positive Valenz erhalten hatten,
versuchten die Ratten, diese möglichst schnell zu erreichen.

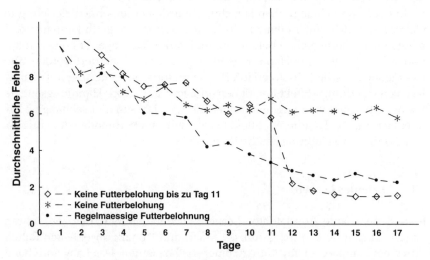

*Abbildung 6.1: Durchschnittliche Anzahl der Fehler beim Durchlaufen des
Labyrinths (Schematische Darstellung der Daten von Tolman & Honzik, 1930).*

Die Arbeiten und Interpretationen von Tolman sind einer der Gründe, weshalb
der Behaviorismus durch die Kognitionspsychologie abgelöst wurde. Tolman

vermutete, dass die Versuchstiere während der Erkundung des Labyrinths räumliches Wissen über dieses akkumulieren. In seiner Arbeit *cognitive maps in rats and men* (Tolman, 1948) brachte er das Konzept der *kognitiven Karte* auf, welches heutzutage vielfache Anwendung in der Psychologie findet.

Bei den Versuchen zum latenten Lernen zeigte sich ein sehr wichtiger Unterschied zwischen *Lernen* und *Performanz*. Lernen kann stattfinden, ohne dass sich unmittelbar die Performanz, das heißt das Verhalten des Lerners ändert. Wir erinnern uns, dass Lernen als Veränderung des Verhaltens*potentials* definiert ist. Da Lernen ein interner, nicht direkt messbarer Vorgang ist, müssen Lernexperimente immer so gestaltet werden, dass Änderungen im Verhalten gemessen werden können. In der experimentellen Forschung wird Lernen ohne Belohnung deshalb oft in zweiphasigen Studien nachgewiesen. Zunächst gibt es eine Lernphase, in der das Versuchstier oder der Proband die Lerninhalte ohne Belohnung exploriert. In der anschließenden Testphase wird der Lerninhalt mit einer positiven (oder negativen) Bedeutung belegt. Dies ermöglicht zu überprüfen, ob in der vorherigen Lernphase tatsächlich Wissen erworben wurde, das nun angewendet wird, um positive Zustände zu erzeugen. Lernen findet also „auf Vorrat" oder eben *latent* statt, um in zukünftigen Situationen möglichst angepasstes Verhalten zu ermöglichen.

Eine weitere Form des latenten Lernens ist das bereits besprochene *sensorische Vorkonditionieren* (siehe Kapitel 3.3), bei dem die Divergenz von Lernen und Änderung des Verhaltens besonders deutlich ist. In Studien zum sensorischen Vorkonditionieren wurden zunächst zwei Stimuli (z. B. Ton und Lichtreiz) assoziativ miteinander verknüpft (Lernphase). Um zu testen, ob Lernen stattfand, wurde einer der beiden Stimuli (z. B. der Lichtreiz) in einem klassischen Konditionierungssetting als Auslösereiz einer bedingten Reaktion konditioniert. Das latente Lernen der Stimulus-Stimulus Assoziation wurde in einer folgenden Testphase belegt, wenn der andere Stimulus (der Ton) ebenfalls die bedingte Reaktion auslöste. Das heißt, die Stimulus-Stimulus Assoziation wurde latent ohne Belohnung gelernt, und das Lernen wurde erst dann im Verhalten wirksam, wenn eine Reaktion, also eine Verhaltensmöglichkeit, an einen Stimulus geknüpft wurde.

6.2 Lernen von Handlungs-Effekt Relationen – das ideomotorische Prinzip

Wir Menschen verhalten uns typischerweise zielgerichtet, d. h. wir führen eine Handlung aus, um einen bestimmten Umweltzustand herzustellen.

Dabei können wir uns sehr sicher in gewohnten Umgebungen bewegen und unsere aktuellen Ziele (z. B. einen Kaffee vom Kaffeeautomaten holen) meist ohne Probleme erreichen. Für die Planung zielgerichteten Verhaltens ist es notwendig, bereits vor Ausführung einer Handlung zu wissen, welche Effekte (d. h. Zustandsänderungen) diese Handlung erzeugt. Diese Relationen von Handlungen und Effekten müssen auf verschiedensten Stufen gelernt werden. Zunächst einmal ist es notwendig zu lernen, wie motorische Aktivität die Stellung des eigenen Körpers verändert. Babies und Kleinkinder lernen erst durch viel Übung, ihren Körper zu beherrschen; sie greifen allmählich sicherer nach Objekten, sie lernen zu sitzen, zu laufen und zu sprechen. Neben diesen proximalen, körpernahen Effekten motorischer Aktivität lernen wir aber auch, welche distalen Effekte unsere Handlungen in der Umwelt haben, also z. B. dass das Betätigen eines Schalters das Licht einschaltet oder dass das Betätigen eines Schalters Kaffee erzeugt.

Sobald Beziehungen zwischen Handlungen und kontingent folgenden Effekten gelernt worden sind, können diese genutzt werden, um ein Ziel zu erreichen, d. h. um bestimmte Effekte in der Umwelt herzustellen. Das *ideomotorische Prinzip* geht hierbei von bidirektionalen Relationen zwischen Handlungen und Effekten aus (z. B. Herbart, 1825; Hommel, Müsseler, Aschersleben, & Prinz, 2001; James, 1981/1890; für einen historischen Überblick siehe Stock & Stock, 2004). In der Lernphase werden Handlungen mit kontingent auftretenden Effekten assoziiert. Solche gelernten Handlungs-Effekt Relationen werden dann genutzt, um gewünschte Effekte in der Umwelt herzustellen (siehe Abbildung 6.2). Dabei wird angenommen, dass angestrebte, antizipierte Effekte diejenige Handlung aufrufen, die üblicherweise zu den gewünschten Effekten führt.

Der Erwerb von Handlungs-Effekt Relationen wurde experimentell beispielsweise von Elsner und Hommel (2001) untersucht. In einer Lernphase wählten die Probanden frei, eine von zwei Tasten zu drücken. Jede Taste erzeugte kontingent einen Effekt, entweder einen hohen oder tiefen Ton. In einer anschließenden Testphase sollte überprüft werden, ob die Handlungs-Effekt Relation tatsächlich gelernt wurde und ob die Effekte auch bidirektional die ihnen zugeordneten Aktionen aufrufen können. Deshalb wurde in der Testphase einer der beiden Effekttöne als Startsignal präsentiert, wobei die Probanden instruiert waren, frei eine der beiden Tasten zu wählen. Die Probanden wählten überzufällig oft diejenige Taste, die zuvor den Effektton erzeugt hatte, der nun als Startsignal präsentiert wurde. Probanden lernten also die Handlungs-Effekt Relation, und die Darbietung des Effekts führte zum Aufruf der entsprechenden Handlung.

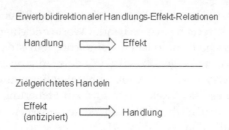

Abbildung 6.2: Schematische Darstellung des ideomotorischen Prinzips.

Der Erwerb von Handlungs-Effekt Relationen kann auch bereits bei Babies und Kleinkindern demonstriert werden (Verschoor, Weidema, Biro, & Hommel, 2010). Babies im Alter von 9 Monaten lernten zunächst, dass sie durch das Berühren eines Touchscreens einen multimodalen Reiz (ein audiovisuelles Ereignis) herstellen. Anschließend reagierten sie schneller auf einen multimodalen Stimulus, wenn sie diesen zuvor selbst erzeugt hatten, als auf einen handlungsunabhängigen multimodalen Stimulus. Kleinkinder im Alter von 18 Monaten führten zusätzlich die Handlung häufiger aus, wenn ein handlungsassoziierter anstelle eines handlungsunabhängigen, multimodalen Stimulus präsentiert wurde. Folglich kann schon bei Babies der Erwerb bidirektionaler Handlungs-Effekt Relationen demonstriert werden.

Weitere Evidenz für die bidirektionale Kopplung von Handlungen und ihren Effekten berichtete beispielsweise Kunde (2001), der zeigte, dass die Erwartung, einen bestimmten Effekt herzustellen, die Reaktionszeit zur Ausführung einer effektkompatiblen Handlung beschleunigt. Der Begriff *Kompatibilität* bezieht sich in diesem Zusammenhang auf das Konzept der perzeptuellen, konzeptuellen oder strukturellen Ähnlichkeit von zwei Mengen von Repräsentationen (z. B. Reizen und Reaktionen; vgl. Kornblum, Hasbroucq, & Osman, 1990; Proctor & Vu, 2006). Beispielsweise ist räumliche Kompatibilität dann gegeben, wenn sowohl Reize und Reaktionen an linken und rechten Lokationen auftreten. In der Studie von Kunde waren die Reaktionszeiten der Probanden geringer, wenn sie durch das Drücken linker und rechter Tasten räumlich kompatible linke und rechte visuelle Effekte am Bildschirm produzierten, als wenn die Effekte den Tasten inkompatibel zugeordnet waren, also linke Tasten rechte Effekte und rechte Tasten linke Effekte erzeugten. In dieser Arbeit wurden die Effekte erst nach den Handlungen präsentiert, so dass hier ein Beleg geliefert wird, dass die Antizipation, also die gedankliche Vorwegnahme eines Stimulus, die Handlungsplanung und Handlungsausführung beeinflusst. In vergleichbarer Weise zeigten Koch und Kunde (2002), dass antizipierte, kompatible verbale Effekte (visuell dargebotene Worte, wie blau oder gelb) das Aussprechen entsprechender Worte erleichtert. Das ideomotorische Prinzip ist eine einfache Heuristik, wie Wissen über Handlungen erworben und genutzt wird (für eine einfache Zusammenfassung siehe Pfister, Janczyk, & Kunde, 2010). Es hat viel Forschung zum Thema Erwerb von Handlungs-Effekt Relationen und zur Steuerung von Handlungen angeregt. Einen aktuellen Überblick zum ideomotorischen Prinzip geben Shin, Proctor und Capaldi (2010). Auf theoretischer Ebene ergeben sich jedoch viele Fragen, die gegenwärtig in der Forschung diskutiert werden. Zum Beispiel ist unklar, welche Effekte jeweils mit Handlungen verknüpft werden (z. B. Hoffmann, Butz, Herbort, Kiesel, & Lenhard, 2007), oder wie bidirektionale Verbindungen von Handlungen und Effekten neuronal realisiert sind (z. B. Butz, Herbort, & Hoffmann, 2007). Besonders spannend ist die Frage, ob Handlungs-Effekt Relationen immer nur dann gelernt werden, wenn Handlungen intentional ausgeführt werden. Herwig, Prinz und Waszak (2007) unterschieden in diesem Zusammenhang stimulusbasiertes Handeln, also Handlungen, die klar durch die Umwelt determiniert werden, und intentionsbasiertes Handeln, also Handlungen, die frei gewählt scheinen. Gegenwärtige Evidenz legt nahe, dass Handlungs-Effekt Relationen in beiden Modi der Handlungskontrolle erworben werden (Pfister, Kiesel, & Hoffmann, 2011), jedoch unterscheiden sich die beiden Handlungskontrollmodi im Hinblick auf die Nutzung der gelernten Handlungs-Effekt Relationen, denn antizipierte Effekte spielen scheinbar vor allem beim intentionsbasierten Handeln eine wichtige Rolle für die Initiierung der Handlung (Pfister, Kiesel, & Melcher, 2010).

6.3   Situative Modulationen – die ABC-Theorie

Viele Beziehungen zwischen Handlungen und Effekten haben keine generelle Gültigkeit, sondern sind *situationsabhängig*. Die Effekte der Mausbewegung und des Mausklicks hängen beispielsweise sehr stark davon ab, welches Programm aktuell am Computer läuft. Aber auch einfachere, eher physikalische Zusammenhänge hängen von situationalen Faktoren ab. Typischerweise führt Bremsen dazu, die Geschwindigkeit zu verringern. Die Bremswirkung auf trockenem, nassem oder eisigem Untergrund unterscheidet sich jedoch stark. Und selbst die Effekte von Muskelkontraktionen in Bezug auf unsere eigene Körperstellung sind situationsabhängig. Zum Beispiel brauchen wir mehr Muskelkraft, um die Arme zu bewegen, wenn wir uns im Wasser bewegen, und auch Laufen ist im Wasser viel schwieriger.

Folglich muss eine funktionierende Handlungssteuerung voraussetzen, dass Lernen von Handlungs-Effekt Relationen situationsabhängig erfolgt. Die ABC-Theorie (anticipatory behavioral control) beschreibt einen einfachen, zweistufigen Lernmechanismus für den Erwerb situationsabhängiger Handlungs-Effekt Relationen (Hoffmann, 1993b; Hoffmann, Berner, Butz, Herbort, Kiesel, Kunde, & Lenhard, 2007). Es wird angenommen, dass jeder Ausführung einer intendierten Handlung (A_{volunt}) zeitlich die Antizipation gewünschter Effekte (E_{ant}) vorangeht (siehe Abbildung 6.3). Nach Ausführung der Handlung werden die antizipierten, gewünschten Effekte mit den real eintretenden Effekten (E_{real}) verglichen. Ist dieser Vergleich positiv, stimmen also die antizipierten mit den realen Effekten überein, wird die bidirektionale Verbindung zwischen Handlung und Effekt verstärkt. Ist der Vergleich negativ, werden die Handlungs-Effekt Relationen abgeschwächt und zusätzlich werden die Situationsbedingungen ausdifferenziert. Das heißt, für Handlungs-Effekt Relationen, die nicht generell gültig sind, werden Situations-Handlungs-Effekt Tripel angenommen, die Wissen darüber repräsentieren, unter welchen Bedingungen welche Handlungen zu welchen Effekten führen. Zusätzlich werden Situationsmerkmale auch dann an Handlungs-Effekt Relationen gekoppelt, wenn sie kontingent mit den Handlungen und deren Effekten einhergehen. Das heißt, findet ein Verhalten immer in einer bestimmten Situation statt, ist die Situation ebenfalls in einem Situations-Handlungs-Effekt Tripel integriert.

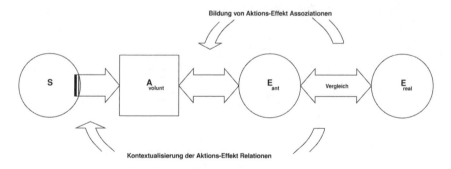

Abbildung 6.3: Erwerb von situationsabhängigen Handlungs-Effekt Relationen (adaptiert nach Hoffmann et al., 2007).

Experimentelle Evidenz für den situationsabhängigen Erwerb von Handlungs-Effekt Relationen berichteten Kiesel und Hoffmann (2004). Probanden sahen innerhalb eines Kreuzes einen Kreis, der einen Ball symbolisierte. Dieser Ball sollte in ein Tor geschossen werden, wobei Tore entweder links und rechts vom Kreuz (Situation A) oder unterhalb und oberhalb des Kreuzes (Situation B) präsentiert wurden. Um den Ball zu schießen, drückten die Probanden entweder eine Taste, die links unten angebracht war, um den Ball in Situation A nach links und in Situation B nach unten zu schießen, oder eine Taste, die rechts oben angebracht war, um den Ball in Situation A nach rechts und in Situation B nach oben zu schießen. Der Effekt der Handlung (d.h. des Tastendrucks) wurde situationsabhängig variiert; in Situation A bewegte sich der Ball schnell zum Tor, in Situation B dagegen bewegte er sich langsam zum Tor (siehe Abbildung 6.4). Die beiden Situationen wechselten zufällig, wobei die Lage der Tore den Probanden jeweils anzeigte, in welcher Situation sie sich befanden. Wenn die Probanden die Situationsabhängigkeit des Effektes berücksichtigen, dann sollten sie in derjenigen Situation, in der der Ball sich schnell zum Tor bewegte, schneller reagieren als in der Situation, in der sich der Ball langsam bewegte, da ein kurz dauernder Effekt weniger Zeit benötigt, um antizipiert zu werden, als ein lang dauernder Effekt. Diese Vorhersage wird aus dem ideomotorischen Prinzip abgeleitet. Der Effekt der Handlung wird vor Ausführung der Handlung antizipiert, und es dauert länger, einen langen als einen kurzen Effekt zu antizipieren (Kunde, 2003). Probanden zeigten genau dieses Reaktionszeitmuster. Die Situationsabhängigkeit von Handlungs-Effekt Relationen wird also gelernt und für die Handlungssteuerung genutzt, selbst wenn dieselbe Handlung in unterschiedlichen Kontexten zu unterschiedlichen Effekten führt.

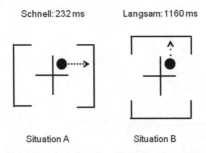

Abbildung 6.4: Schematische Darstellung der experimentellen Manipulation von Kiesel und Hoffmann (2004).

Die ABC-Theorie, d.h. das Erlernen von Situations-Handlungs-Effekt Tripeln wurde neben empirischen Überprüfungen auch im Rahmen der künstlichen

Intelligenz in lernenden Systemen modelliert (Butz & Hoffmann, 2002). Beispielsweise können Roboter mittels passender Lernalgorithmen lernen, sich in einem Labyrinth zurechtzufinden, wenn sie Lernen, in welcher Situation (in welchem Teil des Labyrinths) eine Handlung (d. h. eine Eigenbewegung) zu welchem Effekt (welche neue Position im Labyrinth) führt.

6.4 Zusammenfassung

Lernen findet auch dann statt, wenn keine Belohnung erfolgt. Stattdessen scheint es, dass Menschen und auch Tiere beiläufig und sogar ohne Lernintention lernen, wie sie sich sinnvoll in ihrer Umwelt verhalten können. In der Tierforschung wurde unter dem Begriff *latentes Lernen* gezeigt, dass Tiere durch Exploration räumliche Repräsentationen ihrer Umgebung lernen. In Humanexperimenten wurde in Paradigmen zum Handlungs-Effekt Lernen gezeigt, dass gelernt wird, beliebige Effekte durch Handlungen herzustellen. Das ideomotorische Prinzip postuliert, dass bidirektionale Beziehungen zwischen Handlungen und kontingenten Effekten gebildet werden, die für die Handlungssteuerung genutzt werden. Im Rahmen der ABC-Theorie wird ein Lernmechanismus vorgeschlagen, in dem situative Kontexte zusammen mit bidirektionalen Handlungs-Effekt Relationen in Situations-Handlungs-Effekt Tripel gespeichert werden.

📖 *Weiterführende Literatur*

Hoffmann, J., Berner, M., Butz, M. V., Herbort, O., Kiesel, A., Kunde, W., & Lenhard, A. (2007). Explorations of anticipatory behavioral control (ABC): a report from the cognitive psychology unit of the University of Würzburg. *Cognitive Processing, 8*, 133–142.
Pfister, R., Janczyk, M., & Kunde, W. (2010). Los, beweg dich! – Aber wie? Ideen zur Steuerung menschlicher Handlungen. *In-Mind Magazine, 4.*

7 Beobachtungslernen – Lernen am Modell

Menschen und Tiere lernen nicht nur dann, wenn sie selbst handeln oder auf Stimuli reagieren, sondern auch, wenn sie Handlungen anderer beobachten. Dieses *Lernen am Modell* oder auch *Beobachtungslernen* ist ein mächtiger Lernmechanismus, der es uns erlaubt, unser Verhalten besser anzupassen, ohne selbst Fehler zu machen oder ohne lange probieren zu müssen, welches Verhalten in einer Situation erfolgreich ist. Weitere Bezeichnungen für Beobachtungslernen sind *Nachahmungslernen, Imitationslernen* oder *soziales Lernen*.

Im Folgenden besprechen wir zunächst einfache Arten der Imitation, die scheinbar automatisch ablaufen und auf angeborene Imitationsmechanismen zurückgeführt werden. Anschließend erläutern wir die Imitation komplexerer Verhaltensweisen, die gelernt werden. Bandura formulierte eine sozial-kognitive Lerntheorie zur Erklärung von Beobachtungslernen. Diese Lerntheorie wird beispielsweise verwendet, um Nachahmung problematischer Verhaltensweisen, wie aggressives Verhalten und Suizid, zu erklären.

7.1 Automatische, angeborene Imitation

Einfache Verhaltensweisen scheinen automatisch imitiert zu werden. Experimentelle Studien zeigen beispielsweise, dass Personen eine Fingerbewegung schneller ausführen, wenn als Reaktionssignal das Video derselben Fingerbewegung gezeigt wird als wenn ein symbolischer Reiz (z. B. die Ziffern 1 und 2 für Zeige- und Mittelfinger) die Fingerbewegung instruiert (Brass, Bekkering, Wohlschläger, & Prinz, 2000). In einer Folgestudie führten Probanden auf einen symbolischen Reiz hin eine bestimmte Fingerbewegung aus und sahen gleichzeitig eine irrelevante Fingerbewegung. Die Probanden reagierten schneller, wenn eine irrelevante, reaktionskompatible Fingerbewegung gezeigt wurde, als wenn eine reaktionsinkompatible Bewegung als irrelevanter Reiz präsentiert wurde (Brass, Bekkering, & Prinz, 2001). Das heißt, sogar wenn die Handlung der anderen Person irrelevant ist und im aktuellen Aufgabenkontext ignoriert werden kann, scheint sie automatisch imitiert zu werden. Diese automatische Imitationstendenz wurde auch für Gesichtsbewegungen gezeigt. Personen können eine geschriebene Silbe schneller aussprechen, wenn sie den Mund einer Person sehen, die dieselbe Silbe anstelle einer anderen Silbe ausspricht (Kerzel & Bekkering, 2000), und Probanden können schneller lächeln oder ärgerlich schauen, wenn sie eine Person sehen, die denselben Gesichtsausdruck zeigt (Otte, Habel, Schulte-Rüther, Konrad, & Koch, 2011). Diese Befunde legen nahe, dass es zumindest für einfache Verhaltensweisen eine automatische Imitationstendenz gibt, selbst wenn diese Verhaltensweisen irrelevant sind und der Beobachter auf andere Reize achtet und reagiert.

Sogar Neugeborene sind zu einfachen Imitationen in der Lage. Meltzoff und Moore (1977) untersuchten Imitationsverhalten bei 2 bis 3 Wochen alten Babies. Schon die Neugeborenen imitierten Erwachsene bei einfachen Verhaltensweisen wie Mund öffnen, Zunge herausstrecken oder Lippen spitzen. Dieser Befund ist erstaunlich, da er voraussetzt, dass Neugeborene über Wissen verfügen, dass eine bestimmte Gesichtsstellung durch Aktivationen der Gesichtsmuskulatur hergestellt werden kann, ohne dass die Neugeborenen sich jemals zuvor im Spiegel gesehen haben. Das heißt, sie selbst konnten nicht lernen, dass bestimmte Muskelbewegungen zu bestimmten Gesichtsausdrücken führen. Stattdessen legen Befunde zum Imitationsverhalten von Neugeborenen nahe, dass Imitationsverhalten angeboren ist, zumindest wenn es sich um einfache Imitation von Gesichtsausdrücken handelt.

Meltzoff (2005) postuliert, dass Imitation überhaupt erst die Grundlage dafür ist, intentionales Handeln anderer Personen zu verstehen. Zunächst lernen Kinder die Beziehung zwischen ihren eigenen mentalen Zuständen, Motiven und Zielen und ihrem Verhalten. Dann können sie aus dem Verhalten anderer schließen, welche mentalen Zustände diesem Verhalten zugrunde liegen, unter der Annahme, dass Personen, die sich so wie sie verhalten, auch dieselben mentalen Zustände haben.

Als neuronale Grundlage für angeborenes Imitationsverhalten werden sogenannte *Spiegelneurone* im prämotorischen Kortex diskutiert (Iacoboni, 2005; Rizzolatti, 2005). In Studien mit Einzelzellableitungen bei Affen wurde gezeigt, dass dieselben Neuronen feuern, wenn eine Handlung ausgeführt wird und wenn eine ähnliche Handlung eines anderen Akteurs beobachtet wird. Beim Menschen wurde mittels funktioneller Bildgebung (funktionelle Magnetresonanztomographie, fMRT) Aktivität in ähnlichen Hirnbereichen bei der Ausführung und dem Beobachten gleicher Handlungen gefunden (z.B. Gazzola, Rizzolatti, Wicker, & Keysers, 2007). Dies wird als Evidenz gewertet, dass dieselben Hirnregionen für die Planung eigener und das Verstehen fremder Handlungen zuständig sind.

Imitationsverhalten ist auch bei Tieren und sogar über verschiedene Spezies hinweg beobachtbar. Beispielsweise beobachteten Joly-Mascheroni, Senju und Shepherd (2008), dass Hunde gähnten, wenn sie menschliches Gähnen beobachteten, nicht aber wenn sie einfache Mundbewegungen beobachteten. Diese Autoren vermuten, dass imitierendes Gähnen ein Beleg für die Fähigkeit einer rudimentären Empathie von Hunden ist.

7.2   Gelerntes Imitationsverhalten

Neben angeborenem Imitationsverhalten kann Imitation auch gelernt und anschließend instrumentell eingesetzt werden. Eine frühe Studie zum Beobachtungslernen von Bandura (1965) lässt vermuten, dass Imitation von komplexeren Verhaltensweisen im zeitlich längeren Rahmen nicht automatisch stattfindet, sondern gelernt wird. Diese Form des Lernens wird oft als *Beobachtungslernen, sozial-kognitives Lernen* oder auch *Lernen am Modell* bezeichnet. In der Studie von Bandura schauten Kinder einen Fernsehfilm an. In dem Film attackierte ein Erwachsener eine lebensgroße Puppe, er boxte sie, warf sie zu Boden, schlug sie mit einem Holzhammer, beschimpfte sie usw. Für das Ende des Films gab es drei verschiedene Versionen. In der Version, in der das Modell belohnt wird, betrat ein anderer Erwachsener den Raum, lobte den Aggressor für sein Verhalten und belohnte ihn mit Süßigkeiten und Limonade. In einer weiteren Version wurde das Modell bestraft, d.h. der Erwachsene tadelte den Aggressor, bestrafte ihn durch einen Klaps mit einer Zeitung und drohte ihm weitere Strafen an. In der dritten Version schließlich hatte das Verhalten des Modells keine Konsequenzen, d.h. der Film endete, ohne dass ein weiterer Erwachsener erschien. Nachdem ein Kind eine dieser drei Filmversionen gesehen hatte, wurde es in einen Raum mit Spielzeug gebracht, unter dem sich auch die zuvor attackierte Puppe befand. Erfasst wurde, wie häufig das Kind dieselben aggressiven Verhaltensweisen wie das erwachsene Modell gegenüber der Puppe zeigte (siehe Abbildung 7.1, Phase 1). Kinder ahmten aggressive Verhaltensweisen häufiger nach, wenn das Modell belohnt wurde oder keine Konsequenzen erfuhr, als wenn das Modell für das aggressive Verhalten bestraft wurde, wobei sich Jungen generell häufiger aggressiv verhielten als Mädchen. Nach dieser Verhaltenserfassung gab es eine zweite Testphase, in der die Kinder belohnt wurden, wenn sie das aggressive Verhalten des Modells nachahmten. Nun zeigten Kinder unabhängig von der Filmversion in etwa gleich häufig die aggressiven Verhaltensweisen des Modells. Der Unterschied zwischen Mädchen und Jungen in Bezug auf die Häufigkeit aggressiven Verhaltens wurde dabei auch deutlich geringer (siehe Abbildung 7.1, Phase 2).

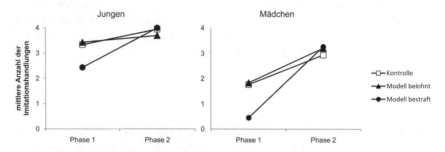

Abbildung 7.1: Aggressives Verhalten von Jungen und Mädchen in Abhängigkeit von der Lernbedingung (Daten rekonstruiert nach Bandura, 1965).

Diese Befunde zeigen ähnlich wie beim Lernen ohne Belohnung (siehe Kapitel 6) den Unterschied zwischen Lernen und Performanz. Alle Kinder haben die aggressiven Verhaltensweisen des Modells gelernt, sie wenden diese aber nur dann an, wenn sie glauben, dass diese Verhaltensweisen verstärkt werden bzw. erleben, dass sie erfolgreich sind.

7.3   Sozial-kognitive Lerntheorie von Bandura

Um Beobachtungslernen und Imitationsverhalten zu erklären formulierte Bandura (1969; 1977) eine Theorie, die oft als *sozial-kognitive Lerntheorie* bezeichnet wird. Bandura postulierte vier Faktoren, die determinieren, ob ein Beobachter das Verhalten eines Anderen imitieren wird: (1) Aufmerksamkeit, (2) Gedächtnis, (3) motorische Reproduktionsfähigkeit und (4) Motivation.

Beobachtungslernen setzt demnach zunächst voraus, dass der Beobachter das Verhalten des Modells mit genügend *Aufmerksamkeit* enkodiert. Bandura nennt verschiedene Variablen, die die Auslenkung der Aufmerksamkeit auf das Verhalten des Modells erleichtern, wie beispielsweise Auffälligkeit, Komplexität oder Neuigkeit. Wird das Verhalten zusätzlich durch Verbalisierung begleitet, erleichtert dies die Aufmerksamkeitsauslenkung auf Merkmale des Verhaltens. Zum einen haben zudem auch Merkmale des Lerners Einfluss auf Aufmerksamkeitsprozesse, wie etwa Verfügbarkeit von kognitiver Verarbeitungskapazität oder Lernmotivation. Zum anderen beeinflussen Merkmale des Modells ebenfalls die Auslenkung der Aufmerksamkeit. Ist das Modell dem Lerner beispielsweise in Bezug auf Alter und Geschlecht ähnlich, dann erhöht dies die Wahrscheinlichkeit, das Modellverhalten zu beachten. Ebenso werden Personen mit vermutetem hohen Status eher beachtet als solche mit niedrigem Status, so dass das Verhalten ersterer wahrscheinlicher imitiert wird.

Für die Reproduktion des beobachteten Verhaltens sind *Gedächtnisprozesse* selbstverständlicherweise wichtig. Beispielsweise wird die Gedächtnisleistung für das beobachtete Verhalten verbessert, wenn die Erinnerung durch sprachliche Repräsentationen unterstützt wird. Interessanterweise nahm Bandura eher sparsame, abstrakte Repräsentationen der beobachteten Handlung an, anstelle von detaillierten Repräsentationen einzelner Merkmale der Handlungen. Gelerntes Imitationsverhalten ist deshalb keine exakte, detailgetreue Abbildung der beobachteten Handlung, sondern eher die Anwendung von abstrakten, instrumentellen Handlungsplänen, die durch Beobachtung erschlossen wurden.

Die Imitation von Verhalten erfordert zusätzlich, dass die *motorischen Prozesse* des Verhaltens reproduziert werden können. Hier sind dem Beobachtungslernen zuweilen enge Grenzen gesetzt. Beispielsweise kann ich jemanden beobachten, der mit drei (oder mehr) Bällen jongliert und sogar die abstrakte Repräsentation der notwendigen Handlungsschritte lernen. Trotzdem bin ich (zumindest ohne umfangreiches Üben) nicht in der Lage, die Bewegungen selbst erfolgreich auszuführen. Die Fähigkeit zur motorischen Reproduktion erfordert also, dass der Lerner über die entsprechenden motorischen Fertigkeiten (siehe Kapitel 10) verfügt, die notwendig sind, um die beobachteten Verhaltensweisen durchzuführen.

Das beobachtete Verhalten wird schließlich entsprechend der Lerntheorie von Bandura nicht automatisch imitiert, sondern nur dann, wenn eine entsprechende *Motivation* vorliegt, dieses Verhalten auszuführen. Motivation für ein Verhalten erklärt Bandura durch operantes Konditionieren, also durch die Erwartung, dass das Verhalten verstärkt wird. Die Imitation des Modells kann dabei auf drei verschiedene Arten verstärkt werden. Erstens kann zunächst das Imitationsverhalten selbst verstärkt werden. Beispielsweise loben Erwachsene Kinder, die sich ähnlich wie sie selbst verhalten. Zweitens können die Konsequenzen des imitierten Verhaltens verstärkend wirken. Ein Kind, das Sprechverhalten imitiert und „Bonbon" sagt, wird oft unmittelbar durch entsprechende Süßigkeiten verstärkt (Bandura & Walters, 1963). Und drittens kann sogenannte *stellvertretende Verstärkung* (oder auch stellvertretende Bestrafung) Einfluss auf das Imitationsverhalten haben (Bandura, 1969). Wird das Modell für das Verhalten belohnt oder bestraft, steigt oder sinkt dadurch die unmittelbare Häufigkeit der Imitation. Wichtig ist jedoch, dass Verstärkung für neues Lernen nicht erforderlich ist, sondern dass lediglich die Performanz (also das Imitationsverhalten) von der Verstärkungserwartung abhängt. Selbst wenn Beobachter erfahren, dass das Verhalten eines Modells zu negativen Konsequenzen führt, lernen sie dieses Verhalten, wenden es aber nur dann an, wenn sie erwarten, dadurch selbst positive Konsequenzen herzustellen.

Beobachtungslernen kann nach Bandura auf drei verschiedenen Arten Ausdruck im Verhalten finden. Erstens wird neues Verhalten durch Beobachtung gelernt. Zweitens findet durch Beobachtung eine Hemmung oder Enthemmung von Verhalten statt, wenn ein Modell für ähnliches Verhalten belohnt oder bestraft wird. Und drittens bewirkt die Beobachtung von Verhalten die Bahnung von ähnlichem Verhalten, d. h. das Beobachten des Modellverhaltens ist ein Auslöser dafür, dass ähnliches (nicht dasselbe) Verhalten gezeigt wird.

7.4   Modelllernen problematischer Verhaltensweisen

Beobachtungslernen bzw. Lernen am Modell dient in klinischen Kontexten dazu, die Entstehung von Störungen und problematischer Verhaltensweisen zu erklären. Phobien werden vermutlich nicht nur durch klassische Konditionierung erworben und durch operante Konditionierung aufrechterhalten (siehe Kapitel 5.1), sondern auch durch Modelllernen (Rachmann, 1977). Beobachtet ein Kind beispielsweise, dass seine Mutter beim Anblick einer Spinne erschrickt und panisch reagiert, kann dadurch beim Kind ähnliches Vermeidungsverhalten und Angst entstehen. Weiterhin wird Modelllernen herangezogen, um unterschiedliches Suchtverhalten wie Rauchen, Alkoholismus oder Drogenmissbrauch zu erklären.

Ein immer wieder stark diskutiertes Beispiel für Modelllernen ist die Übernahme aggressiven Verhaltens aufgrund von Gewalt in Medien. Beispielsweise wurde nach den Amokläufen in den letzten Jahren immer wieder diskutiert, welche Computerspiele der Amokläufer gespielt hatte und welche Filme er gesehen hatte, um Rückschlüsse über die Motivation des Täters zu erfahren. Aus experimentalpsychologischer Sicht ist es extrem schwierig festzustellen, ob Gewalt in den Medien *ursächlich* für aggressives, gewalttätiges Verhalten ist. Korrelationsstudien belegen, dass es einen empirischen Zusammenhang zwischen Fernsehkonsum oder Computerspielen mit Gewalthandlungen und aggressivem Verhalten des Konsumenten gibt (Huesmann & Taylor, 2006). Solche

Korrelationsstudien können jedoch lediglich den Zusammenhang zwischen zwei Variablen beschreiben, nicht aber Ursache und Wirkung beider Variablen bestimmen. Es ist durchaus denkbar, dass häufiger Fernsehkonsum mit gewalttätigen Inhalten zu aggressivem Verhalten führt, also ursächlich für aggressives Verhalten ist. Andererseits ist es jedoch auch denkbar, dass Personen, die aus anderen Gründen bereits zu aggressivem Verhalten neigen, eher Filme mit gewalttätigen Inhalten anschauen und Computerspiele mit Gewalthandlungen spielen, d. h. es ist denkbar, dass aggressives Verhalten ursächlich für Medienkonsum mit gewalttätigen Inhalten ist. Ursache-Wirkungs-Beziehungen könnten in Experimenten nachgewiesen werden. Das Experiment von Bandura (1965) zeigt, dass kurzzeitiger Fernsehkonsum von Filmen mit aggressiven Verhaltensweisen dazu führt, dass Kinder dieses Verhalten nachahmen. Langfristige Untersuchungen, in denen Kinder über Jahre hinweg mehrere Stunden täglich mit Filmen und Computerspielen mit gewalttätigen Inhalten konfrontiert werden, sind aus ethischen Gründen jedoch unzulässig und aus Gründen der Machbarkeit kaum durchführbar. Mittlerweile gibt es jedoch Längsschnittstudien, die über Jahre hinweg bei denselben Versuchsteilnehmern Medienkonsum mit gewalttätigen Inhalten und aggressives Verhalten untersuchen. Diese Studien weisen darauf hin, dass Medienkonsum mit gewalttätigen Inhalten tatsächlich ursächlich für aggressives Verhalten ist, da der Konsum an frühen Messzeitpunkten aggressives Verhalten an späteren Messzeitpunkten (oft nach mehreren Jahren) vorhersagt (z. B. Johnson, Cohen, Smailes, Kasen, & Brook, 2002).

Eine eindimensionale Erklärung, dass Medienkonsum die alleinige Ursache für gewalttätiges Verhalten oder sogar für Amokläufe sei, ist aber definitiv zu einseitig. Neben Einflüssen von Medien spielen weitere Faktoren wie Persönlichkeitsvariablen und soziale Einflussfaktoren eine wichtige Rolle (siehe z. B. Anderson & Bushman, 2002, für ein detailiertes Modell).

Auch autoaggressives Verhalten, in der extremsten Form Suizid, wird im Kontext von Nachahmung und Modelllernen diskutiert. Schon im 18. Jahrhundert wurde nach der Veröffentlichung von Goethes „Die Leiden des jungen Werthers" vermehrt Suizide beobachtet, die Ähnlichkeiten mit dem im Buch beschriebenen Selbstmord hatten. So trugen beispielsweise die Personen dieselbe Kleidung beim Suizid wie die Romanfigur. Heute wird der Begriff *Werther-Effekt* verwendet, um die Nachahmung von Suiziden zu bezeichnen, die durch Medienberichte induziert wurden (Phillips, 1974).

Phillips (1974) analysierte die Suizidrate in den USA und stellte fest, dass diese jeweils signifikant anstieg, nachdem eine bekannte Persönlichkeit Suizid begangen hatte und darüber in den Medien stark berichtet wurde. Je prominenter der Verstorbene war, desto stärker stieg die Selbstmordrate an; beispielsweise war der Anstieg am höchsten nach dem Suizid von Marilyn Monroe. In Deutschland untersuchten Schmidke und Häfner (1986) den Anstieg von Suiziden nach der Ausstrahlung der sechsteiligen Fernsehserie „Tod eines Schülers". Zu Beginn jeder Serie sah man, wie sich die Hauptfigur, ein 19-jähriger Schüler vor einen Zug warf. Während des Sendezeitraums der Serie nahmen die Eisenbahnsuizide massiv zu, und auch als die Serie später erneut ausgestrahlt wurde, stieg die Suizidrate erneut massiv an.

Zur Erklärung des Werther-Effektes wird die sozial-kognitive Lerntheorie von Bandura herangezogen. Schmidke und Häfner bemerkten, dass der Anstieg der Suizidrate sich besonders bei Personengruppen zeigte, die der Hauptfigur der Fernsehserie ähnlich waren, also bei 14- bis 19-jährigen männlichen Schülern. Während zunächst oft angenommen wurde, dass Medienberichte lediglich Auslöser für Suizide sind, die sowieso schon länger von den Betroffenen geplant wurden, geht man nun davon aus, dass Medienberichte tatsächlich Suizide anregen (Ziegler & Hegerl, 2002). Bei lediglich vorgezogenen Suiziden sollte die Rate im Anschluss an ein Medienereignis und vermehrten Suiziden unter die Normalrate absinken. Ein solches Absinken unter die normale Suizidrate wurde jedoch nicht beobachtet. Nachahmung von Suiziden aufgrund von Medienberichten betreffen oft auch Orte für Suizide (z.B. Brücken) und Methoden für den Suizid. Um Nachahmungstaten zu verhindern, wird nun bei einem Suizid nicht mehr über Details und mögliche Ursachen berichtet (Ziegler & Hegerl, 2002).

7.5   Zusammenfassung

Beobachtungslernen und angeborene Imitation sind sehr bedeutsame Lernmechanismen, da sie automatisch und ohne Lernintention ständig ablaufen. Beim Beobachtungslernen entscheidet Motivation und Anreiz darüber, ob das durch Beobachtung gelernte Verhalten tatsächlich auch umgesetzt wird und so das Verhalten des Lerners beeinflusst. Die sozial-kognitive Lerntheorie Banduras beschreibt Faktoren, die Lernen und Nachahmungsverhalten fördern. Aufmerksamkeit, Gedächtnis, motorische Reproduktionsfähigkeit und Motivation entscheiden darüber, ob beobachtetes Verhalten gelernt und nachgeahmt wird. In klinischen Kontexten wird Banduras Lerntheorie verwendet, um problematisches Verhalten zu erklären. Medienkonsum wird als Prädiktor für aggressives und suizidales Verhalten diskutiert. Deshalb wird nun von den Medien verantwortungsbewusste Berichterstattung z.B. nach Amokläufen und Suiziden bekannter Persönlichkeiten gefordert.

📖 *Weiterführende Literatur*

Bandura, A. (1977). *Social Learning Theory*. New York: General Learning Press.

8 Unbewusstes (implizites) Lernen

In Konditionierungsstudien zum assoziativen Lernen ist die Frage, ob die Lernprozesse unbewusst sind, davon abhängig, ob es sich um Lernen beim Tier oder beim Menschen handelt. Beim Tier ist die Frage meist gar nicht sinnvoll zu stellen, aber beim menschlichen Lernen ist die Frage durchaus berechtigt. Sind sich Menschen stets der verhaltensrelevanten Kontingenzen zwischen den Ereignissen in ihrer Umwelt in einer Weise bewusst, dass sie diese Kontingenzen auch verbalisieren könnten? Während eine intuitive Antwort hierauf vermutlich „nein" lautet, wird diese Frage aber in der Forschung sehr kontrovers diskutiert (z.B. Brewer, 1974). In einem Überblicksaufsatz zum *unbewussten Lernen* argumentieren Shanks und St. John (1994), dass Konditionierung beim Menschen stets mit bewusster Einsicht in die relevanten Kontingenzen (z.B. zwischen CS und US) einhergeht. Allerdings legt z.B. die Forschung zum *evaluativen Konditionieren* (siehe Kapitel 2) nahe, dass affektive Einstellungen durch assoziative Prozesse weitgehend unbewusst veränderbar sind (z.B. Field, 2000; Hofmann et al., 2010; vgl. Shanks, 2010, für eine aktuelle, kritische Übersicht).

Typische experimentelle Untersuchungsparadigmen zum assoziativen Lernen haben allerdings zumindest formal eine recht überschaubare Komplexität. Zum Beispiel geht es beim klassischen Konditionieren um das Erlernen der Kontingenz zwischen CS und US (Rescorla, 1988). In ihrem Alltag lernen Menschen aber auch regelhafte Zusammenhänge, deren Komplexität weit über die bisherigen Beispiele hinausgeht. Kinder lernen beispielsweise beim Spracherwerb überaus komplexe syntaktische Relationen in Wortfolgen. Dabei werden Regeln gelernt und erfolgreich angewandt, die nur schwer verbalisierbar sind. In solchen Situationen spricht man auch vom *impliziten Lernen*.

In diesem Kapitel beschreiben wir die wichtigsten Forschungsansätze zum impliziten Lernen. Zunächst werden exemplarisch einige typische experimentelle Paradigmen dargestellt. Auf dieser Basis werden wir diskutieren, welche Kontingenzen beim impliziten Lernen gelernt werden. Schließlich werden wir

die Frage kritisch reflektieren, ob implizites Lernen wirklich unbewusst ist
und welche methodologischen Probleme bei der Antwort auf diese Frage zu
bewältigen sind.

8.1   Definition des impliziten Lernens

In tierexperimentellen Studien kann man die Probanden nicht direkt nach
den relevanten Kontingenzen fragen, sondern erschließt den Lernprozess *indirekt* aus dem beobachtbaren Verhalten. Während indirekte Verhaltensmaße
beim Menschen selbstverständlich problemlos angewendet werden können,
ist es hier zusätzlich auch möglich, direkte Lernmaße zu erheben, indem die
Probanden gebeten werden, die relevanten Kontingenzen verbal zu beschreiben. Vom impliziten Lernen spricht man, wenn sich das Lernen im Verhalten
indirekt nachweisen lässt, aber die Probanden in direkten Lernmaßen kein
verbalisierbares Wissen produzieren können. Solche *Dissoziationen* zwischen
indirekten und direkten Lernmaßen wurden in einer Reihe von experimentellen Paradigmen berichtet, die wir in Kapitel 8.2 beschreiben.

Die Paradigmen zum impliziten Lernen bilden dabei zumeist Lernsituationen ab, in denen Menschen scheinbar beiläufig und mehr *intuitiv* lernen
und sich des Lernens kaum bewusst sind (für Übersichten vgl. z. B. Dienes &
Berry, 1997; Hoffmann, 1993a; Perrig, 1996; Shanks & St. John, 1994; Shanks,
2005; sowie die Aufsätze in dem von Stadler & Frensch, 1998, herausgegebe-
nen *Handbook of implicit learning*). Dienes und Berry (1997) definieren implizites
Lernen als Lernen in Situationen, in denen die Person Strukturen einer relativ
komplexen Reizumgebung lernt, ohne dies zu beabsichtigen, und ohne dass
das resultierende Wissen verbalisierbar ist.

Dieses *implizite Lernen* wird vom *expliziten Lernen* unterschieden, wie es z. B.
in der Schule stattfindet, wo Schüler instruiert sind, Zusammenhänge intentional, z. B. durch Hypothesentesten, zu erwerben, damit sie später bei einer Prü-
fung verbalisierbar sind. Bevor wir nun zu den experimentellen Paradigmen
kommen, ist es wichtig, zunächst die Terminologie zu klären.

Der Begriff *beiläufig* (oder *inzidentell*) ist das Gegenstück zu *intentional* und
bezieht sich darauf, ob der Lerner in der Lernphase instruiert wird, dass es
überhaupt etwas zu lernen gibt. Demgegenüber bezieht sich die Unterscheidung von *indirekten* und *direkten* Lernmaßen auf die Testphase, in der das
erworbene Wissen erfasst wird. Indirekte Lernmaße (z. B. Reaktionszeitmes-
sung/RT-Messung; reaction time, RT) nehmen dabei keinen Bezug auf eine
frühere Lernepisode, sondern erfassen die Verhaltenswirkung des Lernens,

während direkte Lernmaße (z.B. freier Abruf im Interview oder Wiedererkennensleistung) typischerweise beinhalten, dass die Probanden die Inhalte des Lernens unter Bezug auf die vorherige Lernepisode verbalisieren bzw. wiedergeben. Im Gegensatz zu diesen beiden Unterscheidungen, die eindeutig operational definiert sind, bezieht man sich mit der *bewusst-unbewusst* Unterscheidung auf den Lernprozess selbst sowie darauf, ob das Ergebnis des Lernprozesses introspektiv (d.h. dem Bewusstsein) verfügbar ist. Dies ist, wie wir sehen werden, die zentrale und empirisch kontroverse Frage in der Forschung zum impliziten Lernen.

8.2 Experimentelle Paradigmen zur Untersuchung impliziten Lernens

Implizites Lernen künstlicher Grammatiken. Das Lernen der natürlichen Sprache ist ein Beispiel für implizites Lernen. Allerdings gibt es hier keine experimentelle Kontrolle über die Lernsituation. Deswegen bietet es sich für die experimentelle Untersuchung der zugrunde liegenden Lernprozesse an, weniger komplexe, *künstliche Grammatiken* zu verwenden. In typischen Studien zum Grammatiklernen werden Probanden in einer Lernphase aufgefordert, Buchstabenfolgen auswendig zu lernen. Diese Folgen werden auf der Basis einer Grammatik (*Finite-State Grammatik*, vgl. z.B. Reber, 1989) erzeugt, die festlegt, welche Buchstabenfolgen möglich sind, um „Worte" zu bilden. Die Probanden werden vor der Lernphase aber nicht informiert, dass es ein solches Regelsystem gibt. Nach der Lernphase wird den Probanden mitgeteilt, dass es *grammatische Regeln* gab, die sie nun in der Testphase anwenden sollen, um neue Buchstabenfolgen danach zu klassifizieren, ob sie diesen Regeln entsprechen oder nicht. In einer Studie von Reber (1967) klassifizierten die Probanden 69% der Folgen korrekt (zufälliges Klassifizieren würde nur zu 50% korrekter Klassifikationen führen). In einer anschließenden Befragung (direktes Verbalmaß des Lernens) waren die Probanden aber nicht in der Lage, die Regeln der Grammatik zu spezifizieren, sondern gaben häufig an, sich auf ihre Intuition verlassen zu haben. Reber (1989) schlussfolgerte daraus, dass das implizite Grammatiklernen darin besteht, unbewusst komplexe Regeln aus der Reizumgebung zu abstrahieren (vgl. Perruchet & Pacton, 2006, für eine kritische Diskussion).

Implizites Lernen versteckter Kovariationen. Ein anderes Paradigma zum impliziten Lernen ist das Lernen versteckter Kovariationen. Zum Beispiel zeigte Lewicki (1986) seinen Probanden in einer Lernphase Fotografien von Personen, die entweder als freundlich oder als intelligent bezeichnet wurden. Dabei hatten alle freundlichen Personen kürzere Haare als die intelligenten Personen (diese Kovariation wurde über die Probanden hinweg ausbalanciert, d.h. sie war für manche Probanden genau umgekehrt). In der Testphase bekamen die Probanden nun Fotos von neuen Personen gezeigt und mussten entscheiden, ob es sich um eine freundliche oder intelligente Person handelt. Hier stimmten die Urteile der Probanden überzufällig häufig mit der vorherigen Merkmalskovariation überein (indirektes Maß des Lernens), während die Probanden in einem späteren Interview (direktes Verbalmaß des Lernens) ihr Urteil über die Intelligenz von Personen nicht mit der Haarlänge begründet hatten, d.h. sich des Zusammenhangs offenkundig nicht bewusst waren. Solche Dissoziationen zwischen indirekten und direkten Lernmaßen wurden auch für weitere, ähnliche Kovariationslernsituationen berichtet (einen Überblick gibt z.B. Lewicki, Hill & Czyzewska, 1992).

Implizites Lernen der Steuerung komplexer Systeme. Berry und Broadbent (1984, 1988) haben eine Aufgabe entwickelt, in der Probanden die Produktionsmenge einer fiktiven Zuckerfabrik steuern sollten. Die Probanden sollten dabei als Manager die Zuckerproduktion auf einem bestimmten Niveau halten, indem sie die Anzahl der Fabrikarbeiter festlegten. Sobald diese Anzahl eingegeben wird, bekommt der Proband die resultierende Produktionsmenge als Feedback. Im nächsten Durchgang muss dann die Arbeiteranzahl erneut adjustiert werden usw. In dieser komplexen Steuerungsaufgabe war der Zusammenhang zwischen Arbeiteranzahl und Produktionsmenge nicht deterministisch, sondern durch eine Gleichung mit einer Zufallskomponente bestimmt. Es zeigte sich, dass einige Probanden das Produktionsniveau zunehmend besser einhalten konnten (indirektes Verhaltensmaß des Lernens), aber dennoch in späteren Interviews (direktes Lernmaß) nicht in der Lage waren, den Zusammenhang zwischen Arbeitermenge und Zuckerproduktion zu verbalisieren. Vergleichbare Befunde wurden auch für andere, ähnliche Aufgaben berichtet (vgl. Dienes & Berry, 1997).

Implizites Sequenzlernen. Das implizite Sequenzlernen wurde durch eine Studie von Nissen und Bullemer (1987) zu einem Standardparadigma der Forschung zum impliziten Lernen. Diese Autoren verwendeten eine serielle Reaktionszeit-Aufgabe (RT-Aufgabe), bei der als Reize Sternchen einzeln an einer von vier horizontal angeordneten Bildschirmpositionen dargeboten wurden. Die Probanden reagierten auf die Reize jeweils so schnell wie möglich durch Drücken von räumlich kompatiblen Reaktionstasten. Die Reaktion löst nach kurzer Zeit (z.B. 500 ms) die Darbietung des nächsten Reizes aus, auf den dann wieder reagiert werden soll, usw. Experimentell variiert wurde die Sequenz der Reize (und damit auch der Reaktionen). Die Reize wurden in der

Lernphase in einer festen Abfolge zyklisch wiederholt dargeboten (4231324321; die Ziffern bezeichnen hier die Bildschirmpositionen von links nach rechts). In der Testphase wurden die Reize aber in zufälliger Folge dargeboten, so dass ein negativer Transfereffekt (d.h. das Ansteigen der RT) von der Lernphase zur Testphase als indirektes Lernmaß konstruiert werden konnte; und tatsächlich führte die feste Sequenz im Vergleich zu Zufallsfolgen zu deutlich niedrigeren RTs. In einer Nachbefragung zeigte sich, dass einige Probanden keine Regelhaftigkeit in der Folge bemerkt hatten (d.h. als *unbewusste Lerner* klassifiziert werden konnten), aber auch diese Probanden zeigten sequenzspezifische RT-Effekte. Abbildung 8.1 zeigt idealtypische Daten zum impliziten Lernen in seriellen RT-Aufgaben (für eine Übersicht vgl. Buchner & Frensch, 2000). Das Paradigma des impliziten Sequenzlernens liegt mittlerweile in zahlreichen Varianten vor (für eine aktuelle Übersicht vgl. z.B. Abrahamse, Jiménez, Verwey & Clegg, 2010).

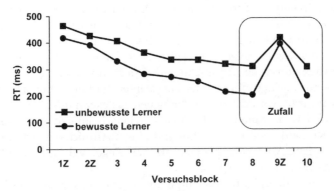

Abbildung 8.1: Idealtypische Daten eines Sequenzlernexperiments mit serieller RT-Aufgabe. In Block 9 wird eine Zufallsfolge dargeboten. Bei dem Wechsel von der Trainingssequenz zur Zufallssequenz steigen die RT auch bei solchen Probanden an, die in einer Nachbefragung angeben, keine Sequenz bemerkt zu haben (unbewusste Lerner; Daten nach Hoffmann & Koch, 1997).

8.3 Was wird beim impliziten Lernen gelernt?

Eine wichtige Frage ist, was genau beim impliziten Lernen gelernt wird. Etwas technischer formuliert: Welche Kontingenzen liegen der Verhaltensänderung aufgrund von implizitem Lernen zugrunde (für eine Übersicht vgl. Hoffmann & Koch, 1998). Beim impliziten Kovariationslernen geht es um das Lernen von Kontingenzen zwischen zwei Reizmerkmalen. Zum Beispiel könnte in Lewickis Studie (1986) die Haarlänge als eine Art CS betrachtet werden, der die Kategorienzugehörigkeit der betreffenden Fotografie (z.B. freundliche Person) vorhersagt. Beim impliziten Grammatiklernen beziehen sich die Kontingenzen nicht nur auf zwei Reizmerkmale (Buchstaben), sondern auf ganze Buchstabenketten unterschiedlicher Länge. Weil diese Kontingenzen durch die *Finite-State* Grammatik probabilistisch erzeugt werden, wird vermutet, dass diese (S-S) Kontingenzen in Form von abstrakten Regeln repräsentiert sind (z.B. Reber, 1989). Demgegenüber geht es beim impliziten Lernen der Steuerung komplexer Systeme eher wie beim operanten Konditionieren um das Lernen von Kontingenzen zwischen Handlungen und ihren Effekten, die von vorangegangenen Systemzuständen spezifiziert werden.

In diesen drei Paradigmen werden Kontingenzen zwischen Ereignissen oder Reizmerkmalen gelernt, die dann auf neue Situationen oder Reize regelhaft übertragen werden müssen. Die Art der Elemente, zwischen denen Kontingenzen existieren können, ist relativ klar. Eine kritische Forschungsfrage besteht in diesen Paradigmen deswegen vor allem darin, was es eigentlich bedeutet, einer *Regel* zu folgen. Beim impliziten Grammatiklernen gibt es etwa die Hypothese, dass die Lerneffekte auf dem Erinnern einzelner konkreter Exemplare aus der Lernphase (oder Fragmenten solcher Exemplare) beruhen, die dann auf ihre Ähnlichkeit mit den neuen Testexemplaren verglichen werden (z.B. ob zwei unmittelbare Buchstabenwiederholungen vorkommen können). Die Klassifikation würde dann auf einem Ähnlichkeitsurteil basieren und nicht auf der Anwendung einer abstrakten Regel (vgl. Perruchet & Pacton, 2006; Shanks & St. John, 1994).

Im Vergleich dazu ist für das implizite Sequenzlernen weniger klar, welche Kontingenzen dem Lernen zugrundeliegen. S-R Kontingenzen kommen hier nicht in Frage, weil sich diese ja in strukturierten und zufälligen Folgen nicht unterscheiden. Eine Möglichkeit ist, dass ähnlich wie beim impliziten Grammatiklernen die Sequenz der Reize gelernt wird, d.h. Kontingenzen in der Abfolge der Reize (S-S bzw. *perzeptuelles Lernen*). Allerdings werden serielle RT-Aufgaben vor allem in der neuropsychologischen Forschung häufig als Methode zur Untersuchung des *motorischen Lernens* (R-R Lernen) verwendet (Robertson, 2007). Dies ist kein Widerspruch, weil die Reaktionen den Reizen normalerweise eindeutig zugeordnet sind, so dass beide Folgen identisch strukturiert sind (siehe auch Goschke, 1998; Hoffmann & Koch, 1998). Tatsächlich konnte eine Studie von Koch und Hoffmann (2000) zeigen, dass perzeptuelles und motorisches Lernen keine einander ausschließenden Optionen sind.

Die Autoren variierten systematisch das Vorhandensein von räumlichen Mustern in der Reizfolge (räumliche Positionsreize vs. nicht-räumliche symbolische Reize) und in der Reaktionsfolge (räumlich kodierbare manuelle Reaktionen vs. nicht-räumliche vokale Reaktionen). Die Wirkung einer experimentellen Variation der Muster war dabei stets vor allem in den räumlich determinierten Folgen wirksam, unabhängig davon, ob dies die Reiz- oder die Reaktionsfolge war. Entsprechend kann implizites Sequenzlernen durchaus rein perzeptuell sein, aber meistens liegen Bedingungen vor, in denen das Lernen vermutlich primär auf der Reaktionsfolge basiert, weil räumliche motorische Sequenzen (z.B. manuelle Tastendruckreaktionen) verwendet werden. Hier ist es eine interessante Forschungsfrage, ob implizites Lernen dann effektorspezifisch ist oder auf abstrakteren räumlichen Repräsentationen beruht, die auch auf andere Effektoren übertragen werden können (Abrahamse et al., 2010).

Zusammengenommen sind beim impliziten Sequenzlernen situationsspezifisch sowohl S-S als auch R-R Kontingenzen wirksam, wobei sich diese Alternativen nicht wechselseitig ausschließen. Allerdings könnte es in diesem scheinbar so verführerisch simplen experimentellen Paradigma (siehe Robertson, 2007) noch eine weitere Alternative geben, die darin liegt, dass es häufig auch systematische Beziehungen zwischen Handlungen und resultierenden Situationsveränderungen gibt, so dass auch R-S Lernen möglicherweise am Sequenzlernen beteiligt ist (Hoffmann, Sebald, & Stöcker, 2001; Zießler & Nattkemper, 2001). Schließlich wurde auch demonstriert, dass abstrakte Sequenzen von kognitiven Aufgaben (z.B. entweder auf die Farbe, die Form oder die Größe eines Reizes zu reagieren) gelernt werden (z.B. Koch, 2001), selbst wenn die Sequenz der Reize und der Reaktionen zufällig ist (vgl. Abrahamse et al., 2010, für eine aktuelle Übersicht). Sequenzlernen scheint demnach auf sehr flexiblen Mechanismen zu beruhen, die Kontingenzen zwischen den unterschiedlichsten Ereignissen verarbeiten können (vgl. auch Keele, Ivry, Mayr, Hazeltine, & Heuer, 2003).

8.4   Wie unbewusst ist das implizite Lernen?

Die Annahme, dass implizites Lernen unbewusst ist, wird normalerweise aus einer Dissoziation zwischen indirekten und direkten Tests des Lernens abgeleitet. Das heißt, dass sich erworbenes Wissen im Verhalten messbar niederschlägt (indirekter Test), aber nicht zu verbalisierbarem, bewusstem Wissen führt (direkter Test). Allerdings haben Shanks und St. John (1994) darauf aufmerksam gemacht, dass solche empirisch beobachtbaren Dissoziationen meistens keine klare theoretische Schlussfolgerung über den Bewusstheitsstatus des Lernens zulassen. Sie argumentieren, dass dafür zwei Kriterien erfüllt sein müssten: (1) das Sensitivitätskriterium und (2) das Informationskriterium. Gemäß dem Sensitivitätskriterium müssen direkte Tests genauso sensitiv (d.h. messgenau) sein wie indirekte Tests. Wenn dies nicht der Fall ist, z.B. wenn der direkte Test nur auf einem freien Interview basiert, das möglicherweise nur eine ungenaue Abbildung des erworbenen bewussten Wissens zulässt, während der indirekte Tests z.b. beim Sequenzlernen auf millisekundengenauer Leistungsmessung beruht, dann muss es fast zwangsläufig zu Fehlklassifikationen von Lernern in die unbewusste Gruppe kommen, obwohl sie eigentlich zumindest fragmentarisches bewusstes Wissen haben. Entsprechend wäre dann die Messung des unbewussten Lernens dadurch „kontaminiert", dass in dieser Gruppe auch die Lerneffekte von einigen bewussten Lernern eingerechnet werden. Die empirischen Probleme, die das Sensitivitätskriterium aufwirft, haben dazu geführt, dass immer bessere (d.h. sensitivere) direkte Testverfahren entwickelt worden sind. Zum Beispiel ist es möglich, Varianten von Wiedererkennenstests (z.B. Wiedererkennen von Sequenzfragmenten) zu entwickeln, die deutlich sensitiver als freie Interviews sind, weil sie auch bewusstes Wissen aufdecken können, über das die Probanden subjektiv unsicher sind und es bei freien Abruftests möglicherweise verschweigen (Dienes & Berry, 1997). Hier hat die methodologische Kritik zu einem deutlichen Fortschritt in der Messmethodologie geführt (z.B. die *Prozess-Dissoziations-Prozedur*, siehe Destrebecqz & Cleeremans, 2001), wobei die theoretisch relevante Frage bestehen bleibt, wie man die Sensitivität von direkten und indirekten Tests tatsächlich unmittelbar miteinander vergleichen kann.

Das zweite Kriterium ist das *Informationskriterium*. Demnach müssen direkte Tests des bewussten Wissens auf genau diejenige Information abzielen, die den Lerneffekten im indirekten Test tatsächlich zugrunde gelegen hat. Zum Beispiel haben Shanks, Green und Kolodny (1994) angemerkt, dass die vier Reize in der strukturierten 10-Elemente Sequenz in der Sequenzlernstudie von Nissen und Bullemer (1987) zwangsläufig eine ungleiche Häufigkeit haben, so dass ein Vergleich mit der Leistung in einer zufälligen Folge (d.h. Gleichverteilung aller Reize) nicht nur das Lernen von Sequenzinformation, sondern auch von purer Häufigkeitsinformation erfasst. Die Autoren führten deshalb eine Studie durch, in der die Häufigkeitsinformation der Zufallsfolge genau derjenigen der festen Folge entsprach, und nun konnten sie keine Dissoziation mehr zwischen indirekten und direkten Tests finden, so dass *implizites* Lernen auf Häufigkeitsinformation zu basieren schien, nach der im direkten Test aber gar nicht gefragt wurde. Dieser Befund legt nahe, dass die Erfüllung des Informationskriteriums eine präzise Analyse der in der Lernsituation vorhandenen Kontingenzen erfordert (vgl. auch Hoffmann & Koch, 1998). Das heißt, es kommt nicht nur darauf an, dass direkte Tests zumindest theoretisch genauso sensitiv wie indirekte Tests sein müssen, sondern es ist auch wichtig, dass diese Tests auch auf das Lernen der genau gleichen Information abzielen.

Auf der Grundlage dieser zwei Kriterien kommen Shanks und St. John (1994) nach Übersicht der Befundlage insgesamt zu einer vorsichtig-skeptischen Auffassung vom unbewussten Lernen, die von vielen Autoren geteilt wird (z.B. Cleeremans et al, 1998; Dienes & Berry, 1997). Wir haben die methodologischen Probleme bei der Interpretation von Dissoziationen zwischen direkten und indirekten Tests am Beispiel des impliziten Sequenzlernens veranschaulicht, aber diese Kritikpunkte gelten auch für die anderen experimentellen Paradigmen des impliziten Lernens (Shanks, 2005). Zum Beispiel wurde auch in Bezug auf das implizite Kovariationslernen (z.B. Lewicki et al., 1992) kritisiert, dass die direkten Tests (Nachbefragungen) nicht sensitiv genug waren, und überdies konnten wesentliche Befunde empirisch nicht repliziert werden (Hendrickx, De Houwer, Bayens, Eelen & van Avermaet, 1997). Vor diesem Hintergrund scheint derzeit insgesamt eine zurückhaltende Bewertung hinsichtlich unbewussten Lernens in diesen Paradigmen ratsam.

8.5 Neuropsychologische Basis des impliziten Lernens

In einer Reihe von Studien zum impliziten Sequenzlernen zeigte sich, dass amnestische Patienten mit ausgeprägter Gedächtnisschwäche nahezu normale RT-Lerneffekte zeigen, aber im Vergleich zu Kontrollgruppen in direkten Lerntests deutlich weniger Wissen über die offensichtlich gelernte Sequenz erinnern konnten (z.B. Curran, 1998; Keele et al., 2003, für Übersichten). Amnestische Gedächtnisstörungen sind vor allem mit Schädigungen von Strukturen des medialen Schläfenlappens sowie des Hippokampus korreliert. Diese Hirnstrukturen scheinen normalerweise am *expliziten* Lernen beteiligt zu sein, so dass die gefundenen Dissoziationen dafür sprechen, dass beim impliziten Lernen neuroanatomisch distinkte Hirnstrukturen beteiligt sind, die nicht zwangsläufig mit expliziten Erinnerungen einhergehen. Diese Interpretation wird auch gestützt durch Befunde an Patienten, bei denen weniger das explizite, sondern vorwiegend das implizite Lernen beeinträchtigt ist. Solche Patienten leiden an neurologischen Erkrankungen (z.B. Morbus Parkinson und Chorea Huntington), die zu umschriebenen Schädigungen von subkortikalen Hirnstrukturen (vor allem den Basalganglien) führen, die an der Steuerung von Willkürbewegungen beteiligt sind. Patienten mit solchen Erkrankungen haben häufig messbare Defizite im RT-Lernmaß (vgl. Curran, 1998).

Neben neuropsychologischen Befunden aus Patientenstudien können die beim Lernen beteiligten Hirnstrukturen auch an gesunden Probanden mit modernen bildgebenden Verfahren untersucht werden, wie etwa mit Positronenemissionstomographie (PET) oder mit funktioneller Magnetresonanztomographie (fMRT). Allgemein legen solche Studien nahe, dass Lernen verstärkt neuronale Aktivierung in denjenigen Hirnarealen erzeugt, die an der Bewegungssteuerung und -ausführung beteiligt sind und verweisen auf die Bedeutung zusätzlicher distinkter Areale, die vor allem bei Bewusstheit des Lernens aktiviert sind (Keele et al., 2003; Robertson, 2007, für Übersichten).

8.6 Zusammenfassung

Die Befunde zum impliziten Lernen verweisen darauf, dass Lernen in bestimmten komplexen Situationen eher intuitiv geschehen kann und sich mitunter nur durch sehr strenge Testverfahren als bewusst aufdecken lässt. In diesem Sinne könnte man nach Dienes und Berry (1997) vorsichtig davon sprechen, dass beim impliziten Lernen subjektiv unterschwelliges und in diesem Sinne *unbewusstes* Wissen erworben wird. Sicherlich hat die Frage, ob implizites Lernen unbewusst ist, einen großen Teil der Attraktivität der Forschung zum impliziten Lernen beigetragen. Doch es gibt auch andere theoretisch hochrelevante Kontroversen, die dieses Forschungsgebiet attraktiv machen. Zum Beispiel legen einige Befunde nahe, dass es möglicherweise unterschiedliche Lernsysteme (oder Module) gibt, die sich auf verschiedene *Arten von erworbenem Wissen* beziehen (z.B. Regeln vs. erinnerte Fragmente, vgl. Perruchet & Pacton, 2006; Shanks & St. John, 1994). Auch ist die Frage, ob implizites Lernen auf perzeptuellen oder motorischen Lernprozessen basiert, nach wie vor umstritten (Abrahamse et al., 2010). Diese empirischen Fragen kann man allerdings unabhängig von der Frage formulieren, ob das implizite Lernen wirklich unbewusst ist. Ob die Unterscheidung zwischen bewusstem und unbewusstem Lernen allerdings auch mit einem spezifischen Unterschied der zugrunde liegenden Lernmechanismen auf *funktionaler Ebene* einhergeht, ist immer noch kontrovers.

Diese Kontroverse hat allerdings dazu geführt, dass die Frage nach der funktionalen Rolle des Bewusstseins für menschliche Kognition und Handlungssteuerung in der Kognitionspsychologie wieder salonfähig wurde. Tatsächlich wurden Fragen zum Bewusstsein lange Zeit als wissenschaftlich wenig seriös abgetan, weil diese Forschungsfrage stark mit der tiefenpsycholo-gisch-psychodynamischen Bedeutung des Begriffs *unbewusst* assoziiert wurde, zu der man keinen klaren empirisch-experimentellen Zugriff hatte (Green-wald, 1992). Durch die Forschung zum impliziten Lernen ist diese Forschungs-frage nun wissenschaftlich rehabilitiert, und so fragen z.B. Cleeremans et al. (1998) rhetorisch: *„Can we learn without awareness? While the current consensus is most likely to be ,no', there is, however, considerable ongoing debate about the role that consciousness plays in cognition and about the nature of consciousness itself"* (S. 406).

📖 *Weiterführende Literatur*

Koch, I. (2008). Konditionieren und implizites Lernen. In J. Müsseler (Hrsg.), *Allgemeine Psychologie* (2. Auflage) (S. 338–374). Heidelberg: Spektrum.
Perruchet, P. & Pacton, S. (2006). Implicit learning and statistical learning: One phenomenon, two approaches. *Trends in Cognitive Sciences, 10*, 233–238.
Shanks, D.R. (2005). Implicit learning. In K. Lamberts & R. Goldstone (Eds.), *Handbook of Cognition* (pp. 202–220). London: Sage.

9 Kategorienlernen und Wissenserwerb

In diesem Kapitel erläutern wir zunächst, was Kategorien und Begriffe sind. Anschließend beschreiben wir verschiedene theoretische Ansätze zu der Frage, wie Kategorien mental repräsentiert sind. Auf dieser Basis stellen wir typische experimentelle Paradigmen vor, mit denen das Lernen von Kategorien untersucht wurde und skizzieren die wesentlichen empirischen Befunde.

9.1 Was sind Kategorien und Begriffe?

Woher wissen Sie, dass ein bestimmtes vierbeiniges Tier ein Hund ist? Durch Lernprozesse erwerben wir Wissen, das wir später für effektives Handeln nutzen können. In Konditionierungsexperimenten werden diese Lernprozesse z.B. daran untersucht, wie ein Mensch lernt, dass ein 800-Hz-Ton einen Luftstoß auf die Cornea (Hornhaut) des Auges vorhersagt, so dass eine schützende Lidschlussreaktion antizipatorisch ausgeführt werden kann. Bereits hier zeigt sich das Phänomen der *Generalisierung*, d.h. das Reagieren auch auf ähnliche Reize oder Ereignisse. Allerdings haben nicht alle Ereignisse gleiche Eigenschaften (z.B. könnte ein 2000-Hz-Ton ankündigen, dass man durch Tastendruck 1 Euro gewinnen kann), so dass es wichtig ist, zwischen Reizen zu unterscheiden *(Diskriminationslernen)*. Auf diese Art entstehen Klassen von Ereignissen oder Objekten mit ähnlichen Eigenschaften, die man auch als *Kategorien* bezeichnet (siehe Markmann & Ross, 2003; Medin, Lynch, & Solomon, 2000, für eine Diskussion von Arten von Kategorien). So haben Sie vermutlich gelernt, dass vierbeinige Tiere, die bellen (und nicht miauen), Hunde sind.

In der Kategorisierungsforschung wird unterschieden zwischen Kategorien und Begriffen (concepts). *Begriffe* bezeichnen die mentale Repräsentation von Kategorien, während *Kategorien* die Klassen von Ereignissen oder Objekten bezeichnen. Diese Unterscheidung wird allerdings häufig nicht konsistent getroffen, so dass *Begriff* und *Kategorie* oft synonym verwendet werden (Murphy,

2002). Das Lernen von Kategorien (manchmal als Begriffsbildung bezeichnet) erfüllt eine Reihe von wichtigen Funktionen. Erstens können neue Objekte identifiziert und zugeordnet werden *(Klassifikation)*. Zweitens erlaubt uns dieser Prozess Schlussfolgerungen und *Vorhersagen*, z. B. dass das vierbeinige Tier evtl. beißen könnte, wenn ich es nicht gut behandele. Drittens ermöglicht die Verwendung von Kategorien effektive *Kommunikation*, z. B. wenn ich Ihnen als Tierfreund über meine Vorliebe für Labradore erzähle (Waldmann, 2008, für eine ausführlichere Darstellung). Diese Funktionen machen deutlich, dass Kategorien Wissen über die Welt repräsentieren.

9.2　Repräsentation von Kategorien

Klassische Sicht: Definierende Attribute und eindeutige Kategoriengrenzen. Basierend auf klassischen Ideen von Aristoteles wurde vermutet, dass Kategorienlernen bedeutet, explizites Wissen über die *definierenden Merkmale* von Objekten oder Ereignissen zu erwerben (Bruner, Goodnow, & Austin, 1956). So lässt sich etwa „Junggeselle" definieren als „männlich, erwachsen und unverheiratet". Der Begriff Junggeselle ist damit durch die Konjunktion dieser Merkmale definiert, und es ist stets eindeutig entscheidbar, ob eine Person in die eine oder in eine andere Kategorie fällt. Dieser definitorische Zugang zur Repräsentation von Kategorien ist in manchen Wissensdomänen sinnvoll (z. B. in der Geometrie). Allerdings ist dieser Zugang in vielen natürlichen Kontexten wenig hilfreich, weil Kategoriengrenzen häufig unscharf sind.

　　Unscharfe Kategoriengrenzen: Typikalitätsgradienten. Eine empirische Herausforderung für die Sicht, dass Kategorienlernen darin besteht, explizit definierende Merkmale zu lernen, ist, dass Kategorien im Alltag häufig verwendet werden, ohne dass man sich dieser Merkmale explizit bewusst ist. Zum Beispiel stellten McCloskey und Glucksberg (1978) ihren Probanden Fragen wie „Ist ein Schlaganfall eine Krankheit?" oder „Ist ein Kürbis eine Frucht?". Dabei stellte sich heraus, dass die Probanden in der Kategorisierung dieser Objekte sehr unsicher waren, und in einer zweiten Befragung änderten manche Probanden auch ihre Meinung. Das heißt, obwohl die Probanden durchaus relevantes Wissen über Schlaganfälle und Kürbisse haben, ist die Kategorisierung für sie uneindeutig. Diese Unschärfe in der Kategorienzugehörigkeit hat damit zu tun, dass nicht alle Exemplare einer Kategorie gleichermaßen typisch für die Kategorie sind. Rosch (1973) hat diese Unterschiede systematisch untersucht und gefunden, dass es *Typikalitätsgradienten* gibt. Sie ließ ihre Probanden auf einer 7-stufigen Skala Objekte danach beurteilen, wie typisch sie für eine

Kategorie sind. Hier zeigte sich, dass z.B. für die Kategorie „Fahrzeug" ein Auto sehr viel typischer eingeschätzt wurde (1,0) als ein Dreirad (3,5). Äpfel waren typischere Früchte als Feigen (1,3 vs. 4,7) und eine Karotte ist als Gemüse typischer als Petersilie (1,1 vs. 3,8). Weitere Evidenz für Unterschiede in der Typikalität von Exemplaren innerhalb einer Kategorie zeigte sich auch in RT-Experimenten, in denen die Probanden Verifikationsaufgaben lösen mussten. So zeigte sich, dass z.B. das Bild eines Rotkehlchens schneller als Vogel kategorisiert wurde als das Bild eines Pinguins (Rosch, 1975).

Prototyp-Repräsentation vs. Exemplarbasierte Repräsentation. Die Erkenntnis, dass natürliche Kategorien (z.B. Hund) häufig unscharfe Grenzen haben und sich die Exemplare innerhalb solcher Kategorien deutlich in ihrer Typikalität unterscheiden, führte zu der Vermutung, dass Kategorien durch einen *Prototypen* mental repräsentiert sind (z.B. Rosch & Mervis, 1975). Der Prototyp ist dabei eine Abstraktion über die Merkmale aller Exemplare innerhalb einer Kategorie und repräsentiert damit das beste Beispiel für die Kategorie. Ein aktuelles Exemplar würde nach diesem Ansatz als Mitglied der Kategorie identifiziert, wenn es der Prototyp-Repräsentation genügend ähnelt.

Eine theoretische Alternative dazu ist, dass es gar keine abstrakte Prototyp-Repräsentation gibt, sondern nur eine sehr große Menge von im Gedächtnis bereits gespeicherten Exemplaren, die früher einmal erfolgreich kategorisiert wurden. Diese sog. *Exemplar-Theorie* geht davon aus, dass Kategorisierung durch einen Gedächtnismechanismus erfolgt, der dafür sorgt, dass die Verarbeitung eines aktuellen Exemplars automatisch dazu führt, dass gleichzeitig alle ähnlichen Exemplare im Gedächtnis aktiviert werden. Das aktuelle Exemplar würde demnach der Kategorie zugeschrieben, für die das ähnlichste Exemplar im Gedächtnis bereits gespeichert wurde (z.B. Kruschke, 2005, für eine Übersicht). Das heißt, aktuelle Exemplare erinnern uns an früher bereits erfolgreich kategorisierte Exemplare. Im Unterschied zur Prototypen-Theorie nimmt die Exemplar-Theorie einen Ähnlichkeitsvergleich also nicht mit einer abstrakten Prototyp-Repräsentation an, sondern mit zahlreichen anderen konkreten Exemplaren.

Flexibilität und Kontextabhängigkeit. Kategorisierung ist ein sehr flexibler Prozess. Viele Objekte können z.B. auf unterschiedlicher Ebene kategorisiert werden. So kann ich etwa einen Vierbeiner als Tier, Hund oder Labrador klassifizieren, oder ein Fahrzeug als PKW, VW oder Käfer (das Auto, nicht das Tier). Rosch, Mervis, Gray, Johnson und Boyes-Braem (1976) stellten fest, dass Menschen vor allem drei Ebenen verwenden: eine übergeordnete Ebene (Tier), eine untergeordnete Ebene (Rehpinscher) und eine sogenannte *Basisebenen* Kategorie (z.B. Hund). Letztere werden spontan am häufigsten verwendet.

Allerdings spielt auch das *Vorwissen* eine große Rolle beim Kategorisieren. Ein KFZ-Mechaniker wird ein Fahrzeug wohl kaum als PKW bezeichnen, sondern stets eine genaue Typenbezeichnung nennen können, so wie der Ornithologieprofessor beim Anblick eines gefiederten Lebewesens wohl kaum von „Tier" sprechen wird, sondern meistens eine präzise Bezeichnung geben können wird.

Weitere empirische Befunde belegen auch die *Kontextabhängigkeit* der Kategorisierung. Es wurde gezeigt, dass das Erzählen einer Safarigeschichte im Vergleich zu einer Bauernhofgeschichte dazu führt, dass Probanden andere Tiere (z.B. Löwe) für typische Tiere halten (Barsalou, 1987). Es scheint also so zu sein, dass aktuelle Gedächtnis-Cues (Hinweisreiz) dazu führen, dass selektiv bestimmte mentale Kontexte aktiviert werden, die sich auf die Gedächtnissuche auswirken. Solche Befunde können besonders naheliegend mit der Exemplar-Theorie erklärt werden, weil hier ja vermutet wird, dass die Kategorisierung davon abhängt, welche Exemplare im Gedächtnis besonders verfügbar sind. Demgegenüber ist es weniger offensichtlich, wie die Prototypen-Theorie mit solchen Kontexteffekten umgeht, da der Prototyp ja als abstrakte Repräsentation recht stabil und unflexibel sein sollte.

Eine Sichtweise, die Kontexteffekte leicht erklären kann, wurde von Barsalou (2003, 2008) vorgeschlagen. Er kritisierte die theoretische Sichtweise, dass Kategorienlernen dazu führt, dass möglichst invariante Eigenschaften von Objekten in Form von Klassen von Beschreibungen, wie in einer Art Enzyklopädie, amodal und stabil repräsentiert werden. Barsalou (2003) argumentiert, dass begriffliches Denken stets in perzeptuellen und motorischen Repräsentationen geschieht *(situierte Kognition)* und damit nicht amodal und abstrakt ist. Demnach aktivieren Kontextreize die damit verbundenen Erinnerungen, die dann ihrerseits für die Kategorisierung aktueller Objekte herangezogen werden. Entsprechend vollzieht sich der Prozess der Kategorisierung nicht als abstrakter Ähnlichkeitsvergleich eines aktuellen Objekts mit amodalen Repräsentationen, sondern immer in Bezug auf frühere sensorische Erfahrungen und abhängig von den tatsächlichen früheren Interaktionen mit diesen Objekten sowie davon, welche Handlungsziele man gerade hat. Auf diese Art können auch leicht *ad-hoc Kategorien* gebildet werden, wie z.B. „Bauernhoftiere" oder eine Kategorie, die z.B. alle Objekte und Ereignisse enthalten, die für ein Sommerpicknick erforderlich sind (siehe Barsalou, 2008, für eine Übersicht der unterstützenden Befunde).

Ähnlichkeitsbasierte vs. theorienbasierte Kategorisierung. Die oben beschriebenen Prototypen-Theorie und die Exemplar-Theorie haben gemeinsam, dass sie Kategorisierung auf einen Prozess des *Ähnlichkeitsvergleichs* eines

Exemplars mit anderen Repräsentationen (entweder mit dem Prototyp oder mit anderen gerade aktivierten Exemplaren) im Gedächtnis zurückführen („ähnlichkeitsbasierte" Ansätze). Demgegenüber gibt es aber auch Befunde, die nahelegen, dass selbst die Wahrnehmung der relevanten Merkmale eines zu kategorisierenden Exemplars von Kontextfaktoren und Vorwissen abhängt. Deshalb haben Kategorien möglicherweise eher die Struktur einer Theorie. Diese *theorienbasierte Sicht* der Kategorisierung legt nahe, dass Kategorien nicht nur Ähnlichkeitsrelationen repräsentieren, sondern auch Wissen über kausale und funktionale Beziehungen zwischen Merkmalen, Exemplaren oder Ereignissen (vgl. Waldmann, 2008, für eine Übersicht).

Vernetzung von Kategorien und Wissensstrukturen. Zu Beginn dieses Kapitels hatten wir gesagt, dass Kategorien Wissen über die Welt repräsentieren. Zusätzlich haben wir festgestellt, dass Kontextfaktoren beeinflussen, welche Exemplare einer Kategorie im Gedächtnis aktiviert werden, dass Kategorisierung stark vom Vorwissen abhängig ist, und dass Kategorisierung auf verschiedenen Abstraktionsebenen auftritt, wenngleich sie am häufigsten auf der Basisebene geschieht. Diese Feststellungen legen nahe, dass Kategorien offenbar im Langzeitgedächtnis miteinander vernetzt sind.

Die Vernetzung von Kategorien in Wissensstrukturen impliziert, dass es im Gedächtnis zur assoziativen Ko-Aktivierung auf verschiedenen Ebenen kommen kann. So wird z.b. die Nennung der Basisebenen Kategorie „Hund" vermutlich automatisch verschiedene typische Exemplare dieser Kategorie aktivieren (z.B. Labrador, Pudel, Terrier, etc.). Aber nicht nur innerhalb einer Kategorie, sondern auch zwischen Kategorien werden Wissenselemente ko-aktiviert, so dass möglicherweise auch ähnliche Kategorien, wie z.B. „Katze", assoziiert werden, weil Hunde und Katzen beide Exemplare der übergeordneten Kategorie der Haustiere sind. Abbildung 9.1 veranschaulicht, dass man sich auf diese Art die Repräsentation von Kategorien als eine Art hierarchisches Netzwerk von Wissensstrukturen vorstellen kann (z.B. Collins & Loftus, 1975).

Evidenz für die Vernetzung von Exemplaren und Kategorien in Wissensstrukturen wurde in Studien mit lexikalen Entscheidungsaufgaben gefunden (z.B. Meyer & Schvaneveldt, 1976). In solchen Studien entscheiden Probanden, ob eine Buchstabenfolge ein korrektes Wort darstellt, wobei z.B. die Hälfte aller Buchstabenfolgen Nicht-Wörter sind (z.B. Bettur statt Butter). Diese Entscheidung fällt schneller, wenn vorher ein assoziiertes Wort gezeigt wurde. Zum Beispiel könnte zunächst das Wort „Brot" als sogenannter *Prime* (*Priming*, Bahnung*) dargeboten werden, gefolgt von dem Zielreiz „Butter". In solchen Fällen fällt die lexikale Entscheidung schneller als wenn der *Prime* keine semantische Beziehung zum Zielreiz hat. Befunde dieser Art sind konsistent

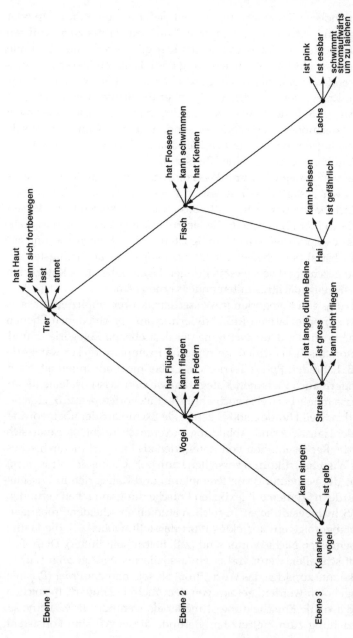

Abbildung 9.1: Beispiel für ein hierarchisches Netzwerk (adaptiert nach Anderson, 2007).

mit der Theorie eines semantischen Netzwerks, in dem sich Aktivierung über Assoziationen zwischen den Exemplaren und den Kategorien ausbreitet (Collins & Loftus, 1975). Solche Befunde lassen auch leicht verstehen, wie es zu Kontexteffekten in der Kategorisierung kommen kann, weil Exemplare ähnliche Exemplare aus der gleichen Kategorie ko-aktivieren (Kruschke, 2005).

9.3 Lernen von Kategorien

Nachdem wir die Repräsentation von Kategorien diskutiert haben, wenden wir uns nun der Frage zu, wie Kategorien gelernt werden. Zunächst beschreiben wir die typischen experimentellen Paradigmen, die in der empirischen Forschung zum Kategorienlernen verwendet werden. Dann diskutieren wir, wie der Lernprozess am besten zu charakterisieren ist.

Experimentelle Paradigmen. Beim Lernen von natürlichen Kategorien wie etwa „Hund" wird der Lerner in der Lernphase mit einer größeren Menge von Exemplaren konfrontiert und muss auf dieser Erfahrungsbasis auf das Vorhandensein einer Kategorie induktiv schließen. Die experimentelle Forschung zum Lernen von Kategorien verwendet traditionell zwei verschiedene Paradigmen. Um mehr experimentelle Kontrolle über die Randbedingungen des Lernens zu bekommen, werden dabei zumeist keine natürlichen Kategorien verwendet, sondern *künstliche Kategorien* (z. B. geometrische Formen, die sich in ihrer Anzahl, ihrer Füllfarbe und der Anzahl der Umrahmungen unterscheiden; vgl. Bruner et al., 1956). Die Verwendung künstlicher Kategorien hat den Vorteil, dass die Probanden sich nicht in ihrem Vorwissen über die Kategorienzugehörigkeit von Exemplaren unterscheiden, so dass die gewonnenen Daten besser über alle Probanden hinweg vergleichbar sein sollten.

Im *Rezeptionsparadigma* bekommen die Probanden eine Reihe von Exemplaren präsentiert, und es wird ihnen jeweils mitgeteilt, welcher von mehreren Kategorien das Exemplar angehört. Dagegen können die Probanden im *Selektionsparadigma* selbst aussuchen, für welche Exemplare sie die Kategorienzugehörigkeit erfahren können. Während im Rezeptionsparadigma also vor allem induktives Lernen stattfindet, ist es den Probanden im Selektionsparadigma auch möglich, explizit Annahmen über Kategorien zu testen, indem sie explizite Hypothesen gezielt überprüfen (vgl. Anderson, 2000).

Kategorisierung durch Ähnlichkeitsvergleich. In einer Pionierstudie zum Kategorienlernen hat Hull (1920) seinen Probanden chinesische Schriftzeichen dargeboten. Dabei wurde den Probanden die Kategorienzugehörigkeit nicht explizit erklärt, sondern sie erhielten nur Rückmeldung, ob ihre Reaktion korrekt war (Rezeptionsparadigma). Die Probanden lernten allmählich, die Zeichen korrekt zu kategorisieren, konnten aber kaum etwas zur Begründung ihrer Kategorisierungsreaktion sagen (dies könnte man auch als Beispiel einer frühen Studie zum *impliziten Lernen* nehmen). Hull ging auf der Basis dieser Befunde davon aus, dass menschliches Kategorienlernen in Analogie zum Konditionieren als eine Form des assoziativen Lernens verstanden werden kann, bei dem graduell das Kategorisierungsverhalten unter die Kontrolle von spezifischen Stimuluseigenschaften (d. h. Merkmalen des Exemplars) gerät, die die Kategorienzugehörigkeit vorhersagen.

Die Ergebnisse Hulls können sowohl durch die Prototypen-Theorie als auch durch exemplarbasierte Ansätze erklärt werden. Wie bereits oben dargestellt, geht die Prototypen-Theorie davon aus, dass Kategorisierung durch Vergleich eines Exemplars mit einer Prototyp-Repräsentation der Kategorie erfolgt. Bei genügend hoher Ähnlichkeit des Exemplars mit dem Prototyp wird das neue Exemplar der Kategorie zugeordnet. Kategorienlernen besteht nach dieser Sicht darin, dass beim Enkodieren von neuen Exemplaren in Zusammenhang mit der Information über deren Kategorienzugehörigkeit zunehmend gemeinsame Merkmale der Kategorie abstrahiert werden und zu einer Prototyp-Repräsentation führen. Der lernabhängige Erwerb des Prototyps geschieht hier also im Sinne eines Abstraktionsprozesses während des Enkodierens von Exemplaren.

Im Unterschied zur Prototypen-Theorie besteht das Kategorienlernen in exemplarbasierten Ansätzen darin, dass zunehmend mehr Exemplare im Gedächtnis gespeichert werden, die dann kontextabhängig durch Hinweisreize im Gedächtnis aktiviert werden. In diesem Sinne würde das aktuelle Exemplar einen parallelen Gedächtnisabruf aller gespeicherten ähnlichen Exemplare aktivieren. Dadurch stehen sie dann für den Ähnlichkeitsvergleich mit dem aktuellen Exemplar zur Verfügung (vgl. Kruschke, 2005).

Multiple-System Ansatz: Explizite Hypothesenbildung und implizite Exemplar-Repräsentation. Empirisch hat es sich als schwierig erwiesen, eindeutig zu entscheiden, ob die Prototypen-Theorie oder die Exemplar-Theorie einen besseren Zugang zum menschlichen Lernen von Kategorien bietet. Für die meisten Zwecke sind die Vorhersagen beider Theorien recht ähnlich. Die Stärke der Exemplar-Theorie liegt sicherlich darin, dass sie kein Problem mit der Kontextsensitivität der Kategorisierung hat, weil Kontextreize in dieser Theorie determinieren, welche Exemplare am ehesten (d. h. mit der größten Wahrscheinlichkeit) im Gedächtnis aktiviert werden. Dagegen erfasst die Prototypen-Theorie mehr die Intuition, dass menschliche Denkprozesse gelegentlich (oder vielleicht sogar häufig) zu abstraktem Wissen führen, das man auch als Regel bezeichnen kann (Waldmann, 2008, für eine Diskussion).

Die assoziationistische Sicht, wie sie ähnlichkeitsbasierten Ansätzen zugrundeliegt, wurde allerdings bereits in den 1950er Jahren von Bruner et al. (1956) entschieden kritisiert. Diese Autoren gingen davon aus, dass Menschen systematisch und gezielt versuchen, explizite Hypothesen zu bilden, um auf diese Art Kategorien bewusst zu entdecken. Ein Beispiel für ihr Untersuchungsmaterial findet sich in Abbildung 9.2. Die Probanden bekamen nacheinander Exemplare gezeigt sowie eine Information darüber, ob das Exemplar zu der Kategorie gehört, die es zu identifizieren bzw. entdecken galt. Zum Beispiel kann in Abbildung 9.2 die Kategorie „zwei Kreuze" entdeckt werden. Sobald Probanden glaubten, die Kategorie identifiziert zu haben, sollten sie diese verbalisieren. Bruner et al. berichteten, dass sich Probanden im Selektionsparadigma tatsächlich häufig wie Wissenschaftler verhalten, die gezielt Exemplare auswählen, um dadurch explizite Hypothesen zu testen. Dadurch ist der Lernverlauf häufig diskontinuierlich, d.h. die Probanden wissen zunächst nicht, wie die Exemplare kategorisiert werden, aber sobald sie die Regel entdeckt haben, können sie sie korrekt und fehlerfrei anwenden. Die Idee eines diskontinuierlichen *alles-oder-nichts Lernprozesses* steht in direktem Widerspruch zu der Annahme eines graduellen Prozesses der Stärkung von assoziativen Verbindungen und hat eine lebhafte theoretische Diskussion über die beste Charakterisierung des Lernverlaufs ausgelöst (vgl. Anderson, 2000, für eine Darstellung).

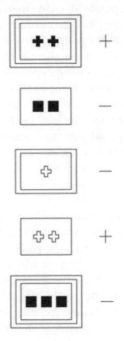

Abbildung 9.2: Beispiel des Untersuchungsmaterials von Bruner et al. (1956).

Möglicherweise schließen sich die alternativen Erklärungen aber gar nicht aus, sondern beschreiben verschiedene Lernprozesse, die von der Art der Situation und Aufgabe abhängen. So ist denkbar, dass Menschen manchmal explizit durch Instruktion lernen (z.B. indem sie ein Lehrbuch zur Lernpsychologie lesen), während sie manchmal explizit Hypothesen testen, wenn man z.B. als völliger Schachanfänger durch Beobachtung herausfinden will, wie der Springer zieht. In anderen Fällen lernt man dagegen vielleicht wie von der Exemplar-Theorie postuliert mehr beiläufig auf der Basis von einzelnen Exemplaren, ohne abstrakte Repräsentationen zu bilden.

Die Idee von parallelen und vielleicht sogar völlig unabhängigen Mechanismen des Kategorienlernens wurde von Ashby et al. vorangebracht (Ashby & O'Brien, 2005; Ashby & Maddox, 2005). Diese Autoren gehen davon aus, dass es separate Mechanismen gibt. Einerseits gibt es einen expliziten, regelbasierten Kategorienlernprozess, der beim Hypothesentesten wirksam ist. Regelbasiertes Kategorienlernen erfordert Aufmerksamkeit und Arbeitsgedächtnisressourcen und tritt vor allem bei weniger komplexen Aufgaben auf, die es gestatten, Kategorisierungsregeln verbal zu beschreiben. Für diese Form des Kategorienlernens ist die intakte Funktion von bestimmten Hirnarealen wichtig, etwa der präfrontale Kortex und der anteriore cinguläre Kortex, d.h. von solchen Arealen, die auch bei Arbeitsgedächtnis und selektiver Aufmerksamkeit wichtig sind. Auf der anderen Seite gibt es auch einen impliziten, häufigkeits- bzw. exemplarbasierten Kategorienlernprozess. Der implizite Kategorisierungsprozess kommt vor allem dann ins Spiel, wenn komplexe Informationen über verschiedene Dimensionen hinweg integriert werden müssen und eine Verbalisierung der Kategorisierungsregel schwierig ist. Hier scheinen vor allem Hirnareale wie der mediale Temporallappen (Schläfenlappen) und die Basalganglien am Lernprozess beteiligt zu sein.

In Analogie zu Befunden zur Unterscheidung des expliziten und impliziten Lernens sowie des Gedächtnisses wird die Unterscheidung expliziter und impliziter Kategorisierungsprozesse auch durch neurowissenschaftliche Befunde gestützt. Ashby und Maddox (2005) berichten, dass Patienten mit einer Läsion (Schädigung) des präfrontalen Kortex in regelbasierten Kategorisierungsaufgaben beeinträchtigt sind, aber in komplexen Informationsintegrationsaufgaben genauso gut wie gesunde Kontrollprobanden abschneiden. Demgegenüber führte eine Läsion des medialen Temporallappens zu einer Beeinträchtigung in Informationsintegrationsaufgaben, während die Leistung in regelbasierten Aufgaben im Vergleich weitgehend unbeeinträchtigt blieb. Solche sog. doppelten Dissoziationen werden als starke Unterstützung für die Existenz separater Lernprozesse interpretiert.

9.4   Zusammenfassung

Kategorien zu lernen heißt Wissen über die Welt zu erwerben. Dieses Wissen ist strukturiert, aber Kategoriengrenzen sind in den meisten Fällen unscharf.

Der Prozess des Kategorienlernens kann manchmal in Form von explizitem Hypothesentesten stattfinden. Allerdings findet das Lernen von Kategorien meistens eher beiläufig statt. Die wichtigsten Theorien zur Erklärung dieser Art der Kategorisierung sind die Prototypen-Theorie und die Exemplar-Theorie. Beide Theorien nehmen an, dass ein aktuelles Exemplar verglichen wird mit einer Referenz im Langzeitgedächtnis, nämlich entweder einer Prototyp-Repräsentation der Kategorie oder der Vielzahl der Exemplare, die das aktuelle Exemplar im aktuellen Kontext im Gedächtnis ko-aktiviert. Allerdings wirft die Idee des Ähnlichkeitsvergleichs Probleme auf. Im Prinzip haben Objekte zahlreiche Eigenschaften, und es ist nicht klar, welche davon für den Ähnlichkeitsvergleich herangezogen werden, und auch die Interpretation von Eigenschaften hängt vom Kontext ab (z. B. wird die Farbe grau im Kontext von Haarfarben als hell interpretiert, aber im Kontext von Wolken als dunkel). Hier scheint die Rolle des Vorwissens über Objekte eine große Rolle zu spielen, die theoretisch aber noch nicht völlig geklärt ist. In diesem Zusammenhang argumentiert Waldmann (2008, S. 356) „[…] dass eine befriedigende theoretische Klärung des Konzepts der Ähnlichkeit eine schwierige, bisher nur ansatzweise gelöste Aufgabe für die aktuelle Forschung darstellt".

📖 *Weiterführende Literatur*

Ashby, F.G., & Maddox, W.T. (2005). Human category learning. *Annual Review of Psychology, 56*, 149–178.
Barsalou, L.W., Simmons, W.K., Barbey, A., & Wilson, C.D. (2003). Grounding conceptual knowledge in modality-specific systems. *Trends in Cognitive Sciences, 7*, 84–91.
Waldmann, M. (2008). Kategorisierung und Wissenserwerb. In J. Müsseler (Hrsg.), *Allgemeine Psychologie* (2. Aufl.) (S. 376–427). Heidelberg: Spektrum.

10 Motorisches Lernen und Fertigkeitserwerb

In diesem Kapitel stellen wir zunächst dar, wie man Fertigkeiten definieren und klassifizieren kann. Dann gehen wir auf die Unterscheidung von Steuerung und Regelung in der Motorik ein. Für die Regelung ist die Verarbeitung von Feedback wesentlich, und wir beschreiben verschiedene Arten von Feedback, die beim motorischen Lernen wichtig sind. Anschließend stellen wir lerntheoretische Ansätze zu den Stufen des Fertigkeitserwerbs dar und gehen auch auf die neuronale Basis des motorischen Lernens ein.

10.1 Was sind Fertigkeiten?

Eine *Fertigkeit* ist eine gelernte (d.h. nicht angeborene) Fähigkeit. Fertigkeiten umfassen komplexe, intentionale Handlungen, die eine ganze Kette von sensorischen, zentralen (kognitiven) und motorischen Mechanismen beinhalten und die durch Lernprozesse so organisiert sind, dass angestrebte Ziele mit maximaler Sicherheit erreicht werden können. Fertigkeiten zeichnen sich demnach durch vier Merkmale aus. Sie sind (1) intentional und zielgerichtet, (2) übungsabhängig, (3) hoch effizient, und (4) mit hoher Leistung verbunden (Magill, 1998).

Perzeptuelle, kognitive und motorische Fertigkeiten. Aufgrund ihres Gegenstandsbereichs und Anwendungsgebiets können Fertigkeiten in verschiedene Arten eingeteilt werden. *Perzeptuelle Fertigkeiten* beziehen sich auf gelernte Fähigkeiten, perzeptuelle Information besonders effizient zu verarbeiten. Ein Beispiel wäre etwa das Interpretieren von Röntgenbildern. Ärzte benötigen viel Erfahrung und Übung, um auf einem Röntgenbild zuverlässig etwa das Vorhandensein eines Tumors diagnostizieren zu können. Es handelt sich dabei um eine Fertigkeit, die sich insbesondere auf die Interpretation von unmittelbar wahrnehmbarer Information bezieht. Darin unterscheiden sie sich von *kognitiven Fertigkeiten*, bei denen es mehr um Denken und Vorausplanen geht. Ein Beispiel wäre hier etwa das Schachspiel. Um die Position der jeweils einzelnen Figuren auf dem Brett wahrzunehmen, bedarf es nicht besonderer perzeptueller Fertigkeiten, aber um das Matt in 5 Zügen mental vorauszuplanen bedarf es hoher kognitiver Fertigkeiten, die u.a. für die Planung visuellräumliche Arbeitsgedächtnisressourcen erfordern. Kognitive Fertigkeiten sind auch zentraler Bestandteil von Problemlöseprozessen, die wir im nächsten Kapitel (siehe Kapitel 11) ausführlicher beschreiben.

Von den perzeptuellen und kognitiven Fertigkeiten unterscheidet man die *motorischen Fertigkeiten*, bei denen es vor allem um die Ausführung von Bewegungen geht. Zum Beispiel ist es im Sport wichtig, Bewegungsmuster zu optimieren. Weil es bei den meisten motorischen Fertigkeiten darum geht, perzeptuelle Information mit motorischen Mustern zu koordinieren, spricht man auch von psychomotorischen Fertigkeiten.

Klassifikation motorischer Fertigkeiten. Motorische Fertigkeiten lassen sich auf verschiedene Weise klassifizieren. Nach Magill (1998) beziehen sich zwei wichtige Klassifikationskriterien auf die Kontrolle des Timings sowie auf die Veränderlichkeit der Umgebung. Es gibt motorische Fertigkeiten, bei denen man die volle *Kontrolle über das Timing* hat, wie etwa beim Golf oder beim Gewichtheben, während das Timing bei anderen motorischen Fertigkeiten eine flexible Anforderung darstellt, z.B. bei allen Rückschlagspielen. Die *Veränderlichkeit (bzw. Stabilität) der Umgebung* ist ein weiterer Faktor. Zum Beispiel ist beim Klavierspielen die Umgebung (normalerweise) konstant, aber etwa beim Handball verändert sich die Spielsituation dynamisch und erfordert stets neue Situationsbeurteilungen sowie die schnelle Anpassung der motorischen Handlungspläne. Entsprechend dieser zwei Kriterien unterscheidet man zwischen geschlossenen motorischen Fertigkeiten, die in unveränderlichen Umgebungen ausgeführt werden, und offenen motorischen Fertigkeiten, die in dynamischen Umgebungen ausgeführt werden (Magill, 1998).

Ein weiterer Ansatz zur Klassifikation motorischer Fertigkeiten bezieht sich auf die Art und Größe der an der Bewegung beteiligten *Muskulatur* (grobmotorisch vs. feinmotorisch). Schließlich spielt auch die *Unterscheidbarkeit der Bewegungen* im Rahmen einer Fertigkeit eine Rolle. So lässt sich etwa beim Radfahren die Bewegung der Beine als kontinuierliche Bewegung beschreiben, während etwa das Gangschalten beim Autofahren als Abfolge einzelner diskreter (d.h. klar abgegrenzter) Bewegungen als Teilkomponente der Fertigkeit darstellbar ist.

Wie wir bereits im vorangegangenen Kapitel über Kategorienlernen erfahren haben, ist das Bilden von Kategorien von Fertigkeiten keinesfalls trivial. Tatsächlich schließen sich die oben erwähnten Klassifikationskriterien nicht gegenseitig aus. Ihr Nutzen hängt wesentlich davon ab, inwieweit sie Verallgemeinerungen auch bei zunächst sehr unähnlich wirkenden Fertigkeiten gestatten. Zum Beispiel haben Tennisspielen und mit einem Rollstuhl durch eine Menschenmenge zu navigieren gemein, dass die Umgebung sehr veränderlich ist und man wenig Kontrolle über das Timing von Bewegungen (z. B. Rückschlag bzw. Ausweichmanöver) hat. Darin unterscheiden sich beide z. B. vom Klavierspielen.

10.2 Regelung und Steuerung der Motorik

Die Veränderlichkeit der Umgebung ist allerdings keine Einbahnstraße, weil Bewegungen in vielen Fällen einen Einfluss auf die Umwelt haben, der gewissermaßen als externaler Bewegungseffekt Rückmeldung (Feedback) erzeugt. Darüber hinaus erzeugt jede Bewegung aber auch zwangsläufig sensorisches, propriozeptives Feedback, also Feedback über die Position des Körpers vermittelt durch die Rezeptoren der Gelenke, Muskeln und Gleichgewichtsorgane. Diese wichtigen Eigenschaften der Bewegungsausführung sind Gegenstand von theoretischen Überlegungen zur motorischen Kontrolle (Schmidt & Lee, 2005).

Eine wichtige Funktion von Feedback in der Regelung von Bewegungen ist, dass es uns erlaubt, die ausgeführte Bewegung mit einem *internalen Modell* der korrekten bzw. intendierten Bewegung (d. h. mit einer idealen Repräsentation der motorischen Bewegung) zu vergleichen. Der Bewegungsbefehl (d. h. das efferente Signal) legt also gewissermaßen den Soll-Wert der Bewegung fest, wobei diese Information im Sinne einer „Efferenzkopie" zur Verfügung steht, um sie mit der tatsächlich auftretenden Rückmeldung (Ist-Wert) zu vergleichen. Dieser Vergleich liefert Information über Genauigkeit und Angemessenheit der Bewegung und gestattet es, die Bewegung anzupassen und den Ablauf zu verbessern. Da die Verarbeitung von Feedback nicht nur die aktuelle Bewegung betrifft, spielt die Verringerung des Unterschieds zwischen tatsächlich ausgeführter und als internes Modell repräsentierter Bewegung eine wichtige Rolle beim motorischen Lernen.

Theoretische Ansätze unterscheiden in Anlehnung an kybernetische Modelle zwischen der Regelung und der Steuerung von Bewegungen (siehe Konczak, 2008, für eine Übersicht). Bei der *Regelung* initiiert ein Befehl die Bewegung, aber die motorische Ausführung wird dynamisch *(online)* über die Verarbeitung von sensorischer Information geregelt, die über visuelle, akustische, taktile und propriozeptive Rezeptoren aufgenommen wird. Ein

Beispiel wäre hier das Balancieren auf einer schmalen Mauer, bei der leichte Veränderungen der Körperstellung gleich eine Korrekturbewegung erfordern. Dadurch ist diese Art der Bewegungsausführung durch eine geschlossene Feedbackschleife gekennzeichnet, so dass man hier auch von *closed-loop* Bewegungen spricht. Die Rolle von Feedback besprechen wir im nächsten Unterabschnitt.

Im Unterschied dazu wird der Bewegungsbefehl bei der *Steuerung* ausgeführt, ohne dass hierfür eine Rückkoppelung (Feedback) erforderlich ist. In der Literatur spricht man auch von *open-loop* Befehlen, die die komplette Bewegungsinformation enthalten und nicht auf die Verarbeitung von Feedback angewiesen sind (Keele, Cohen & Ivry, 1990). Hierauf gehen wir im übernächsten Unterabschnitt über motorische Programme ein.

Arten von Feedback. Bei der motorischen Regelung von Bewegungen spielt die Verarbeitung von Feedback eine zentrale Rolle (siehe Abbildung 10.1 für eine Übersicht verschiedener Arten von Feedback). Die Ausführung einer Bewegung führt zwangsläufig dazu, dass afferente Information rückgemeldet wird. So sehe ich beim Tischtennis, wie sich die Stellung meines Armes bei einem Konterball verändert, d.h. ich bekomme visuelles Feedback. Allerdings spüre ich auch, wie sich die Gelenkstellung meines Armes verändert (Propriozeption), und ich spüre auch den leichten Druck, den der Ball über den Belag meines Schlägers auf meine Hand ausübt (taktile Rückmeldung). Und in diesem Beispiel kann ich auch registrieren, wie sich mein Schlag anhört (akustisches Feedback). Diese Arten des Feedbacks entstehen als natürliche Bewegungskonsequenz und werden deswegen als *intrinsisches Feedback* bezeichnet (Magill, 1998, für eine Übersicht).

Da die Rolle der Verarbeitung von Feedback für die Motorik und für das motorische Lernen so wichtig ist, ist es für die Förderung des Lernens von Vorteil, wenn neben dem intrinsischen Feedback noch weitere Formen des Feedbacks hinzukommen. Dieses zusätzliche Feedback wird als *extrinsisches Feedback* bezeichnet und entsteht nicht internal und online, sondern über externale Rückmeldung. Hierbei unterscheidet man die *Rückmeldung über die Bewegungsausführung (knowledge of performance)*, wie es z.B. ein Video der eigenen Bewegungsausführung liefert (aber auch von Therapeuten oder Trainern verbalisiert werden kann), von der *Rückmeldung über das Bewegungsergebnis (knowledge of results)*. Letzteres bezeichnet Feedback nicht über die Bewegung selbst, sondern über die dabei erbrachte Leistung, z.B. eine Laufzeit oder eine gesprungene Weite.

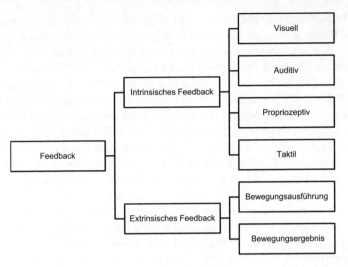

Abbildung 10.1: Verschiedene Arten von Feedback (adaptiert nach Magill, 1998).

Nach Magill (1998) führt extrinsisches Feedback insbesondere bei Bewegungsabläufen, die vergleichsweise wenig intrinsisches Feedback liefern, zu einer deutlichen Leistungsverbesserung. Extrinsisches Feedback ist auch für Anfänger besonders nützlich, weil intrinsisches (vor allem propriozeptives) Feedback zumeist nicht genügend beachtet und effektiv genug verarbeitet wird. Zum Beispiel konnten Wallace und Hagler (1979) nachweisen, dass sich die Leistung beim Freiwurf im Basketball deutlich schneller verbessert, wenn den Lernern systematische Rückmeldung über die Bewegungsausführung gegeben wird im Vergleich zu bloßer verbaler Ermutigung, die sich nicht auf die Bewegungsdurchführung bezieht. Ergebnisrückmeldung ist in diesem Fall wenig relevant, weil dies beim Freiwurf im Basketball offensichtlich ist. Die Rolle der Rückmeldung über die Bewegungsausführung wurde auch in einer Studie von Schmidt und Young (1991) demonstriert. In dieser Studie ging es um die Leistung in einer simulierten Baseballaufgabe. Manipuliert wurde, ob die Probanden nur Rückmeldung über das Bewegungsergebnis bekommen oder zusätzlich auch Rückmeldung über die Bewegungsausführung. Hier zeigte sich, dass die Leistung besser war, wenn beide Formen des extrinsischen Feedbacks gegeben waren, und dieser Effekt hielt auch an, wenn in einer letzten Trainingssitzung gar kein extrinsisches Feedback gegeben wurde.

Kritische Fragen für die Bedeutung von extrinsischem Feedback sind, wann und wie häufig es vorhanden sein soll. Vermutlich ist unmittelbares Feedback meistens besser als massiv verzögertes Feedback. Allerdings wurde auch gefunden, dass Feedback nach jedem Durchgang sogar zu schlechterer Leistung führen kann als wenn das Feedback nur in einem Teil der Lerndurchgänge erfolgt (Schmidt & Lee, 2005, für eine Übersicht der Befunde). Solche Befunde kann man verstehen, wenn man sich die Funktion des extrinsischen Feedbacks vergegenwärtigt. Extrinsisches Feedback sollte helfen, die Information aus dem intrinsischen Feedback (z. B. über Propriozeption) besser zu nutzen. Wenn extrinsisches Feedback die Aufmerksamkeit von dieser Information ablenkt, dann kann sich das sogar negativ auswirken. Überdies könnte extrinsisches Feedback in 100 % aller Lerndurchgänge auch dazu führen, dass es zu negativem Transfer (d. h. zu einer Leistungsverschlechterung) in Situationen kommt, in denen diese Information nicht mehr verfügbar ist (d. h. es kommt zu einer Art „Abhängigkeit" vom extrinsischen Feedback, z. B. wenn der Trainer nicht mehr direkt neben dem Sportler steht, oder der Therapeut nicht mehr direkt neben dem Schlaganfallpatient in der motorischen Rehabilitation). In der Praxis empfiehlt es sich deshalb oft, die Häufigkeit des Feedbacks zunehmend zu verringern. Die Rolle von aufmerksamkeitslenkenden Prozessen wird in der Motorikforschung in den letzten Jahren intensiv untersucht (vgl. Wulf & Prinz, 2001, für eine Übersicht).

Motorische Programme. Manchmal erscheint es so, als ob eine Bewegung oder Bewegungssequenz quasi automatisch abläuft. Zum Beispiel kommt es mir beim Schreiben dieses Textes gelegentlich so vor, als ob meine Finger quasi im Autopilot einzelne Wörter völlig autonom schreiben, d. h. ohne dass ich mir Gedanken über die Position meiner Finger auf der Tastatur mache. Die Vorstellung, das Wort „Finger" zu schreiben, reicht dann schon, um meine Finger in Bewegung zu setzen. Dies ist ein Beispiel für die Steuerung einer Bewegung bzw. einer Bewegungssequenz, d. h. sie wird initiiert und ausgeführt, ohne dass dafür eine Feedbackschleife erforderlich ist (open-loop). Für die Hypothese einer open-loop Steuerung von Bewegungen gibt es eine Reihe empirischer Befunde (Keele et al., 1990).

Ein erstes Argument für die open-loop Steuerung gerade in hochgeübten motorischen Fertigkeiten (z. B. Maschineschreiben oder Klavierspielen) ist, dass die Abfolge der Bewegungen so schnell ist, dass es kaum möglich wäre, wenn jede einzelne Bewegung durch eine Feedbackschleife geregelt wäre, weil die Verarbeitung und Integration von Feedback in den Handlungsplan zu lange dauert. Ein zweites Argument ist, dass viele Bewegungen im Voraus geplant (*vorprogrammiert*) werden können. Zum Beispiel steigt die Zeit für die

Bewegungsinitiierung systematisch mit der Anzahl der Elemente in der Bewegungssequenz, was für eine Vorprogrammierung der gesamten Sequenz (oder zumindest Teilen davon) spricht (Rosenbaum, 2010, für eine Übersicht). Ein drittes Argument stammt aus Studien zur De-Afferenzierung von Affen. Eine Durchtrennung von Nervenbahnen im Rückgrat kann dazu führen, dass afferente propriozeptive Rückmeldung verhindert wird. Dadurch wird sensorisch-propriozeptives Feedback verhindert, aber die motorische Ausführung von Bewegungen ist physiologisch weiterhin möglich. Hier zeigte sich, dass die Affen relativ komplexe Bewegungen weiterhin mit hoher Präzision ausführen können, und das selbst dann, wenn zusätzlich visuelles Feedback verhindert wird, indem die Bewegungen im Dunkeln ausgeführt werden (Keele et al., 1990, für eine Übersicht der Befunde).

Solche Befunde haben dazu geführt, dass die Existenz von open-loop Steuerungselementen postuliert wurde, die man als *motorische Programme* bezeichnet hat. Keele (1968) formulierte eine klassische Definition: *„A motor program is [...] a set of muscle commands that are structured before a movement sequence begins, and that allow [...] the entire sequence to be carried out uninfluenced by peripheral feedback"* (S. 387).

An dieser muskelspezifischen Definition von motorischen Programmen wurde allerdings kritisiert, dass sie zu eng ist (Schmidt & Lee, 2005). Demnach müsste jede einzelne komplexere Bewegung separat im Gedächtnis als motorisches Programm repräsentiert und abgespeichert sein. Insbesondere wäre es schwer, Transfer von einem Effektor zu anderen Effektoren und Muskelgruppen zu erklären. Aber gerade dieser Transfer geschieht mit Leichtigkeit. Zum Beispiel kann man leicht feststellen, dass die eigene Handschrift auf einer Tafel ganz ähnlich aussieht wie auf einem Blatt Papier, obwohl die beteiligten Muskeln und Gelenke unterschiedlich sind (Handgelenk vs. Unterarm, etc., siehe Abbildung 10.2). Solche Befunde haben Schmidt in den 1970er Jahren (vgl. Schmidt & Lee, 2005) veranlasst, sog. *generalisierte motorische Programme* zu postulieren. Diese Programme sind nicht muskelspezifisch, sondern repräsentieren eine ganze Klasse von Handlungen, die durch *invariante Merkmale* (z.B. relatives Timing und rhythmische Struktur; relative Kraft, Sequenz der Bewegungskomponenten) bestimmt sind. Diese abstrakten Bewegungsrepräsentationen werden durch *variable Parameter* spezifiziert, wie etwa die absolute Kraft und Dauer (oder Tempo) sowie die Effektoren (bzw. Muskelgruppen).

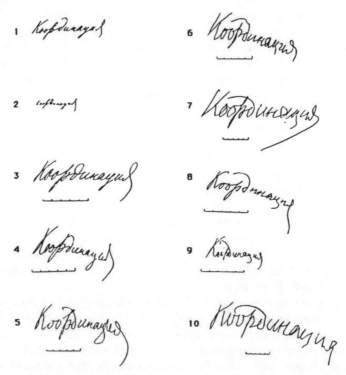

Abbildung 10.2: Schreibproben einer Versuchsperson mit Stift in unterschiedlichen Positionen (Bernstein, 1947, aus Keele, Cohen, & Ivry, 1990). Position des Stifts (gehalten oder angebracht): (1) rechte Hand, (2) rechte Hand, (3) rechte Hand (gesamte Hand bewegt). (4) kurz über dem rechten Handgelenk, (5) kurz vor dem rechten Ellbogen, (6) an der Schulter, (7) am Zeh des rechten Fußes, (8) zwischen den Zähnen, (9) linke Hand und (10) am Zeh des linken Fußes. Die Skalen zeigen jeweils 5 cm Breite.

Generalisierte motorische Programme sind somit open-loop Elemente des Verhaltens, die aber normalerweise in einen größeren Kontext von closed-loop Elementen eingebettet sind. Zum Beispiel werde ich bei einem Tischtennismatch einzelne hochgeübte Schläge (open-loop) in eine Gesamtstrategie einbetten, um die eigenen Stärken relativ zu den Schwächen des Gegners besonders zur Geltung zu bringen, wobei letzteres kontinuierlich durch eine Rückmeldungsschleife (closed-loop) adjustiert wird.

10.3   Motorisches Lernen

Eingangs hatten wir definiert, dass motorische Fertigkeiten vor allem durch eine hohe Leistungsqualität ausgezeichnet sind. Generell können wir sagen, dass motorisches Lernen im Regelfall tatsächlich zu einer Leistungsverbesserung führt (wenn wir einmal von den potentiell negativen Effekten falschen Trainings absehen). Dabei wird die motorische Fertigkeit zunehmend stabiler, die Bewegungen werden mit höherer Konsistenz durchgeführt, die Variabilität sinkt und gleichzeitig wird die Flexibilität (d.h. die rasche Anpassung an veränderte Ausgangssituationen) verbessert. Dabei ergeben sich typischerweise Lernkurven, die formal mit dem *Potenzgesetz der Übung* charakterisiert werden können, d.h. der Lerneffekt ist zu Beginn besonders stark und flacht dann zunehmend ab (vgl. Anderson, 2000).

Stufen des Fertigkeitserwerbs. Gemäß einer einflussreichen theoretischen Vorstellung vollzieht sich dieser Lernprozess in drei Stufen (z.B. Fitts, 1964; vgl. Anderson, 2000). Auf der *kognitiven Stufe* des Fertigkeitserwerbs werden Instruktionen in verbalisierbarer Form („deklaratives Wissen") motorisch umgesetzt. Ein klassisches Beispiel ist der Gangwechsel beim Autofahren, bei dem eine Bewegungssequenz in fester Reihenfolge ausgeführt werden muss (d.h. vom Gaspedal gehen, Kupplung treten, Ganghebel schalten, Kupplung loslassen und Gas geben).

Bei motorischen Fertigkeiten führt fortgesetztes Lernen zum Erreichen einer *assoziativen Stufe*, auf der die einzelnen Bewegungselemente bereits gut verknüpft sind, so dass sich hier bereits sog. *Chunks* bilden, d.h. zu einer gemeinsamen Gedächtnisrepräsentation zusammengefasste Elemente, die ungefähr dem entsprechen, was wir vorher als motorische Programme bezeichnet haben. Ein wichtiges neues Merkmal der Bewegungsausführung ist hier also, dass Bewegungselemente nicht mehr online durch kognitive Regelung (closed-loop) erzeugt werden müssen, sondern dass sie zumindest teilweise als motorisches Programm (open-loop) direkt aus dem Gedächtnis abgerufen werden können. Man spricht hier auch von *Prozeduralisierung* einer Fertigkeit (Anderson, 2000).

In der letzten Stufe des Fertigkeitserwerbs, der *autonomen Stufe*, verselbständigt sich der Bewegungsablauf in einer Weise, dass die Ausführung nur noch wenig Aufmerksamkeit erfordert und kaum noch bewusst ist. Wenn wir wieder auf das Autofahren zurückkommen, dann hat jeder routinierte Fahrer gewiss schon erlebt, dass man gedankenverloren eine Strecke gefahren ist und nicht bewusst bemerkt hat, wie man dabei komplexe motorische Bewegungssequenzen ausgeführt hat. Hier ist das Autofahren als perzeptuell-motorische Fertigkeit gewissermaßen in den Autopilotmodus gegangen, so dass eine bewusste Kontrolle kaum mehr nötig ist (siehe Abbildung 10.3).

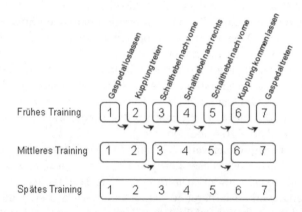

Abbildung 10.3: Perzeptuell-motorische Fertigkeit für den Wechsel vom 2. in den 3. Gang beim Autofahren (adaptiert nach Anderson, 2000).

Closed-Loop Theorie und Schematheorie. Motorisches Lernen und der Erwerb motorischer Fertigkeiten besteht darin, die relevanten Aufgabenmerkmale zu erfassen und dadurch die erforderlichen Bewegungsabläufe zu optimieren und dabei zunehmend effizientere, generalisierte motorische Programme aufzubauen. Adams (1971) schlug vor, dass sich dieser motorische Lernprozess durch die Verfeinerung von perzeptuell-motorischen Rückmeldungsschleifen vollzieht *(Closed-Loop Theorie).* Er vermutete, dass z. B. bei einer Greifhandlung jede Bewegung eine perzeptuelle Spur im Gedächtnis hinterlässt, die im Hinblick auf die Diskrepanz zwischen der ausgeführten Bewegung und der intendierten Bewegung (bzw. dem Ziel der Bewegung, z. B. den Teebecher zu greifen) verarbeitet wird, um dann durch Rückkoppelung die Diskrepanz zu verringern. Auf diese Art entstehen immer besser angepasste perzeptuelle Gedächtnisspuren einer Bewegung. Gleichzeitig entwickelt sich aber auch eine dazu passende Gedächtnisspur, die sich auf die motorische Ausführung selbst bezieht, d. h. die Koordination der Effektoren und Muskeln.

Ein Problem der Closed-Loop Theorie von Adams ist allerdings, dass sie den Lernprozess hochspezifisch erklärt, so dass selbst ein Transfer des Gelernten auf eine nur geringfügig andere Situation kaum möglich sein sollte, aber das ist in der Praxis nicht der Fall (Rosenbaum, 2010). Dieses Problem der zu hohen Spezifizität, das auch bereits beim ursprünglichen Konzept der (muskelspezifischen) motorischen Programme aufgetaucht ist, führte zur Formulierung der *Schematheorie* von Schmidt (vgl. Schmidt & Lee, 2005). Er formulierte die Idee, dass beim motorischen Lernen zwei unterschiedliche Gedächtnisrepräsentationen gebildet werden. Ein *Abruf (Recall) Schema* bezieht sich auf das motorische Programm selbst, während sich das *Wiedererkennens (Rekognitions) Schema* auf den angestrebten externalen Effekt in der Umwelt sowie das dabei produzierte intrinsische Feedback bezieht. Auf diese Art kann das tatsächliche Ergebnis einer Bewegungsausführung (z. B. ein Freiwurf beim Basketball) mit dem Rekognitions-Schema verglichen werden, um auf dieser Basis das motorische Recall-Schema anzupassen. Wichtig in dieser Theorie ist, dass beide Arten von Schemata nicht hochspezifisch für bestimmte Situationen (z. B. Freiwurf) oder Muskelgruppen sind, sondern generalisieren und damit jeweils ganze Klassen von Handlungen repräsentieren. Auf diese Art werden also generalisierte motorische Programme gebildet (siehe Kapitel 10.2), die durch die Adjustierung der variablen Parameter an neue Situationen und veränderte Körperstellungen angepasst werden können.

Neuere computationale Modelle gehen davon aus, dass motorisches Lernen darin besteht, dass sensomotorische Input-Output Transformationen gelernt werden, wobei die Repräsentationen dieser Transformationen als *internale Modelle* bezeichnet werden (Wolpert, Ghahramani & Flanagan, 2001). Auch hier gibt es, gewissermaßen in Analogie zu den Schemata, zwei verschiedene Typen von Modellen. *Vorwärts (Forward) Modelle* beziehen sich auf die sensorische Konsequenz bestimmter motorischer Befehle und dienen damit der Vorhersage, welchen Effekt eine Bewegung erzielen wird. Im Vergleich dazu wird diese Transformation in *inversen Modellen* umgedreht, indem eine Repräsentation des angestrebten Bewegungseffekts dazu dienen soll, die motorischen Kommandos auszuwählen, die den Effekt auch tatsächlich herbeiführen. Die Frage, wie genau diese Transformationen, bzw. die sie repräsentierenden internalen Modelle, gelernt werden, ist Gegenstand der Erforschung von formalen Lernalgorithmen (Wolpert et al., 2001, geben hier eine konzeptuelle Einführung in diese Problematik).

Motorische Chunks beim Sequenzlernen. Im Kapitel über implizites Lernen haben wir das Sequenzlernen im seriellen RT-Paradigma beschrieben und diskutiert, inwieweit hierbei motorische Lernprozesse im Vordergrund stehen. Tatsächlich gibt es Hinweise, die auf die Bildung von motorischen Chunks als Folge des Sequenzlernens hindeuten. Beispielsweise sollten in einer Studie (Koch, 2007) Probanden auf die Identität von vier Buchstaben (A–D), die jeweils einzeln dargeboten wurden, mit dem Drücken einer von vier Tasten reagieren. Allerdings wurden die Buchstaben auch an vier Positionen auf dem Bildschirm dargeboten, so dass die Buchstabenposition zufällig entweder räumlich der geforderten Reaktion entsprach (S-R kompatibel) oder nicht entsprach (inkompatibel). Auf der Basis der Forschungsliteratur zur S-R Kompatibilität konnte erwartet werden, dass räumliche Inkompatibilität von Reizposition und Reaktionsposition im Vergleich zu kompatiblen Bedingungen auch dann zu schlechterer Leistung führt, wenn die Reizposition für die Reaktionsauswahl nominell völlig irrelevant ist (der sog. Simon-Effekt; vgl. Proctor & Vu, 2006, für eine Übersicht). In der Studie von Koch (2007) zeigte sich allerdings, dass dieser Kompatibilitätseffekt, der normalerweise kaum übungsabhängig ist, mit einer festen, strukturierten Sequenz kleiner wurde und nach langer Übung fast völlig verschwand. Allerdings kehrte der Kompatibilitätseffekt in voller Größe wieder, wenn die feste Sequenz durch eine Zufallssequenz ersetzt wurde, in der die nächste Reaktion nicht mehr vorhergesagt werden konnte (siehe Abbildung 10.4).

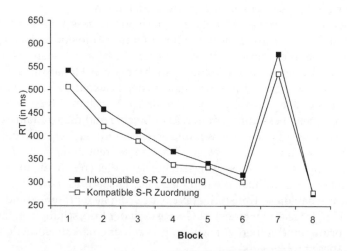

Abbildung 10.4: Der räumliche Kompatibilitätseffekt, d.h. der RT-Unterschied für inkompatible und kompatible S-R Zuordnungen wird kleiner, wenn eine strukturierte Sequenz oft geübt wird (Block 1–6 und Block 8). Für eine Zufallssequenz (Block 7) ist der Kompatibilitätseffekt so groß wie zu Beginn der Übung (adaptiert nach Koch, 2007).

Diese sequenzlernbasierte Verringerung des Kompatibilitätseffekts trat allerdings nur bei solchen Probanden auf, die die Sequenz anschließend auch verbalisieren konnten (explizites Lernen), während die impliziten Lerner zwar signifikante RT-Lerneffekte hatten, die jedoch völlig unabhängig vom Kompatibilitätseffekt waren (Experiment 2 in Koch, 2007). Dieses Befundmuster legt nahe, dass explizites Lernen von Sequenzen dazu führt, dass motorische Chunks gebildet werden, in denen die Bewegungsausführung weitgehend open-loop gesteuert wird, so dass irrelevante und störende Information des Reizes zunehmend ausgeblendet werden können. Demgegenüber haben implizite Lerner offenbar gelernt, die Reizidentität vorherzusagen, aber dieses Lernen (noch) nicht in die Bildung von motorischen Programmen umsetzen können.

10.4 Neuronale Basis des motorischen Lernens

Auf der Ebene des Großhirns werden motorische Befehle über den primärmotorischen Kortex (der Teil des Frontalkortex ist) über den Hirnstamm und das Rückenmark an die Muskeln weitergeleitet. Allerdings sind an der motorischen Kontrolle auch noch eine Reihe weiterer Hirnareale beteiligt, wie z.B. das Cerebellum (Kleinhirn), die Basalganglien sowie prämotorische Areale und das supplementar-motorische Areal (SMA, vgl. Gazzaniga, Ivry & Mangun, 2009, für eine Übersicht). Eine kritische Frage ist, wie sich die Beteiligung dieser Areale im Verlauf des motorischen Lernens verändert. Eine Möglichkeit, diese Frage zu untersuchen, besteht darin, das Hirnaktivierungsmuster zu vergleichen, wenn entweder eine ganz neue Sequenz oder eine bereits gut gelernte Sequenz ausgeführt wird. Dieser Vergleich wurde z.B. von Jenkins et al. (1994) durchgeführt, indem sie Unterschiede im regionalen Blutfluss mittels Positronenemissionstomographie (PET) gemessen haben. PET ist eine bildgebende Methode, bei der Probanden ein sehr schwach radioaktives (und mit sehr kurzer Halbwertszeit zerfallendes) Isotop injiziert wird, dessen dynamische Verteilung im Blutfluss des Gehirns nachgezeichnet werden kann. Die Grundannahme dieser Methode ist, dass besonders aktive Hirnareale auch besonders viel Energie (Sauerstoff, Glucose) benötigen, die über den Blutfluss herbeigeschafft wird. Auf diese Art konnten Jenkins et al. (1994) Hirnaktivierung messen (siehe Abbildung 10.5). Dabei fanden sie, dass bei der Ausführung völlig neuer motorischer Sequenzen relativ zu hoch gelernten Sequenzen (als Baseline) vor allem der prämotorische Kortex, der laterale prämotorische Kortex und Areale im Parietalkortex sowie das Cerebellum besonders aktiv waren.

Demgegenüber zeigte der umgekehrte Kontrast, dass die Ausführung einer hoch gelernten Sequenz relativ zu einer neuen Sequenz zu verstärkter Aktivierung in Bereichen des okzipitalen Kortex sowie der SMA und des Hippokampus führt. Der Hippokampus ist ein Areal im Bereich des Temporalkortex (Schläfenlappen) und vor allem an Gedächtnisabrufprozessen beteiligt, und das SMA ist bekannt als ein Areal, das der Vorbereitung von Bewegungssequenzen dient. Das heißt also, dass das Lernen einer motorischen Sequenz dazu führt, dass die einzelnen Elemente innerhalb der Sequenz zunehmend weniger separat ausgewählt und motorisch geplant werden müssen, sondern dass die Sequenz teilweise oder gänzlich direkt aus dem Gedächtnis abgerufen werden kann. Solche Befunde sind zu erwarten, wenn motorisches Lernen zur Bildung von programmartigen Gedächtnisrepräsentationen (motorischen Chunks) führt. Die neurale Repräsentation motorischer Lernprozesse ist ein sehr aktives Feld in den kognitiven Neurowissenschaften, in denen neben PET auch andere bildgebende Verfahren (vor allem funktionelle Magnetresonanztomographie, fMRT) eingesetzt werden (Gazzaniga et al., 2009, für eine Übersicht).

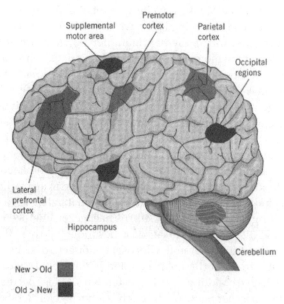

Abbildung 10.5: Gemessene Hirnaktivität mittels Positronenemissionstomographie (PET) in der Studie von Jenkins et al. (1994, nach Anderson, 2000).

10.5 Zusammenfassung

Wir haben festgestellt, dass die Bildung von generalisierten motorischen Programmen ein wesentliches Merkmal des motorischen Lernens ist. Wir haben in Kapitel 10.3 zum motorischen Sequenzlernen einen Befund diskutiert, der nahelegt, dass explizites Wissen erforderlich ist, um im seriellen RT-Paradigma motorische Chunks aufzubauen. Dieser Befund wirft allerdings die Frage auf, inwieweit der Prozess der Entstehung und Ausformung von motorischen Programmen beim Sequenzlernen muskelspezifisch ist. Es überrascht vermutlich kaum, dass andere Studien zeigen konnten, dass Sequenzlerneffekte weitgehend effektorunspezifisch sind (Abrahamse et al., 2010, für eine Übersicht), so dass es sich offenbar um generalisierbare Programme im Sinne der Schematheorie handelt. Eine offene Frage ist nun allerdings, ob sich dieser Prozess allein auf der Basis der beschriebenen Stufentheorie des Fertigkeitserwerbs vollzieht. Nach dieser Theorie würde jede Fertigkeit zunächst explizit und bewusst in deklarativer Form repräsentiert sein (kognitive Stufe), bevor sie dann schließlich durch Übung prozeduralisiert werden kann (autonome Stufe). Es ist deshalb eine interessante Forschungsfrage, inwieweit nicht-instruiertes, d.h. beiläufiges (inzidentelles) motorisches Lernen in impliziten Lernsituationen nach der gleichen Stufenfolge ablaufen kann. Eine kritische Frage wäre demnach, ob eine völlig automatisierte Fertigkeitsausführung auch dann erreicht werden kann, wenn ihr nicht eine bewusste (kognitive) Repräsentation vorausgeht. Diese Frage nach den Repräsentationsformaten von impliziten und expliziten motorischen Lernprozessen wird derzeit intensiv diskutiert (Abrahamse et al., 2010).

📖 *Weiterführende Literatur*

Rosenbaum, D.A. (2010). *Human motor control* (2nd Ed.). San Diego: Academic Press/Elsevier.

Schmidt, D.A., & Lee, T.D. (2005). *Motor control and learning: A behavioral emphasis* (4th ed.). Champaign, IL: Human Kinetics.

Wolpert, D.M., Ghahramani, Z., & Flanagan, J.R. (2001). Perspectives and problems in motor learning. *Trends in Cognitive Sciences*, 5, 487–494.

11 Expertise

Intensive Lernerfahrungen und Training führen zu Expertise in dem trainierten Bereich. Wir alle sind Experten für motorische Fertigkeiten, denn Laufen, Fahrradfahren oder Schwimmen benötigt viel Lernerfahrung, doch nach monate- oder jahrelangem Training in der Kindheit erreichen wir die autonome Stufe des Fertigkeitserwerbs (siehe Kapitel 10) und können diese komplexen Bewegungen beiläufig und ohne Aufwand ausführen. Der Bereich Expertise kann neben der motorischen Expertise in zwei weitere Bereiche gegliedert werden: perzeptuelle Expertise und kognitive Expertise. Und auch in diesen Bereichen sind wir alle Experten, beispielsweise erkennen wir alle bekannte Gesichter sehr zuverlässig und oft auch dann, wenn nur Teile des Gesichts sichtbar sind. Und kognitive Fertigkeiten, wie beispielsweise Lesen, sind so hoch trainiert, dass sie mühelos ablaufen. In der Forschung zu Expertise wurden häufig jedoch nicht so alltägliche Leistungen untersucht, sondern eher herausragende Formen der Expertise z.B. Leistungen im Spitzensport in Bezug auf motorische Expertise, die Diagnose mittels Röntgenbildern bei perzeptueller Expertise, und Schachspielen in Bezug auf kognitive Expertise. Bei solch herausragenden Leistungen wird oft vermutet, dass die Experten per se über besondere körperliche Voraussetzungen oder über ein besonderes Talent verfügen. In der Forschung zu Expertise werden jedoch angeborene, genetische Voraussetzungen kaum untersucht, sondern der Trainingsaspekt steht im Vordergrund. Experten eines Gebietes zeichnen sich vor allem durch intensives, jahrelanges Training aus, so dass im Prinzip jeder zu herausragenden Fähigkeiten in der Lage ist, wenn er den Trainingsaufwand auf sich nimmt. Umstritten ist aber, ob wirklich jeder mit ausreichendem Training zu einem Weltklasseexperten werden kann oder ob Talent, also angeborene Fähigkeiten notwendig sind, um höchste Expertise zu erlangen (Howe, Davidson, & Sloboda, 1998).

11.1 Motorische Expertise

Schnelle Ballsportarten, wie Tennis oder Baseball, erfordern schnelle Reaktionen. Tennisspieler haben beispielsweise nicht einmal 500 ms, um den Rückschlag nach einem schnellen Aufschlag zu planen und auszuführen. Laborexperimente zeigen, dass selbst einfache Reaktionen, wie das Drücken einer Taste, selten kürzer als 200 ms dauern (Keele & Posner, 1968). Deshalb ist es notwendig, dass Sportler bereits zuvor antizipieren, welche Anforderungen auf sie zukommen, um schnell genug reagieren zu können. Um zu antizipieren, wie ein Ball auf sie zukommen wird, nutzen Experten alle verfügbaren Hinweisreize, z. B. die gesamte Körperstellung oder die Art, wie der Schläger gehalten wird (Abernethy & Russell, 1987).

Experten in einer Sportart verfügen also über Wissen, welche ihrer Bewegungen und der Bewegungen ihrer Gegner zu welchen Effekten führt (siehe Kapitel 6.2 Lernen von Handlungs-Effekt Relationen), so dass sie besonders schnell handeln und besonders gut planen können. Schack (2007) postuliert, dass dieses Wissen von Sportexperten für die Ausführung komplexer Bewegungssequenzen in Form von *Basic Action Concepts* im Langzeitgedächtnis gespeichert ist. Beispielsweise umfasst ein Tennisaufschlag elf dieser grundlegenden Handlungsstrukturen: (1) Ballhochwurf, (2) Becken vor, (3) Kniebeugung, (4) Ellenbogenbeugung, (5) Oberkörperdrehung frontal, (6) Schlägerbeschleunigung, (7) Ganzkörperstreckung, (8) Treffpunkt, (9) Handgelenksabklappung, (10) Oberkörperbeugung vorne und (11) Schlägerausschwung (siehe Schack, 2007, S. 110). Eine Handlungsstruktur umfasst die motorischen Repräsentationen der Handlungsausführung und die zugehörigen sensorischen Effekte (das Bewegungsgefühl, die visuellen und auditiven Effekte der Handlung etc.), wobei verschiedene Arten von Effekten unterschiedlich wichtig sind für einzelne Handlungsstrukturen. Beispielsweise sind visuelle Effekte beim Ballhochwurf wichtig, während bei der Ganzkörperstreckung prozeptive Effekte im Vordergrund stehen.

Experten unterscheiden sich von weniger geübten Sportlern in der Art, wie die grundlegenden Handlungsstrukturen organisiert sind. Typischerweise sind die Handlungsstrukturen einer Bewegung hierarchisch angeordnet (siehe Abbildung 11.1), unter Berücksichtigung der funktionalen und zeitlichen Struktur der Bewegung (z. B. Schack & Mechsner, 2006).

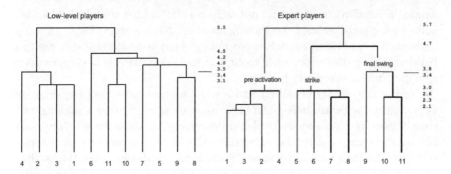

Abbildung 11.1: Hierarchische Struktur der elf Handlungsstrukturen des Tennis-aufschlages bei weniger guten Tennisspielern und bei Experten (aus Schack, 2007).

Auch in einem ganz anderen Bereich motorischer Expertise, dem Schreibma-schinenschreiben, spielt Antizipation von Handlungseffekten eine wichtige Rolle. Schreibmaschinenexperten können die Effekte ihrer Handlungen, d. h. das propriozeptive Feedback des Tastendrückens ebenso wie das Herstellen von Buchstaben bzw. Wörtern perfekt antizipieren. Rieger (2007) zeigte, dass das Tippen von Tasten auf einer Schreibmaschinetastatur verlangsamt ist, wenn andere als die gewohnten Effekte den Handlungen folgen. Als Beleg für die bidirektionale Verknüpfung von Handlungen und Effekten zeigte sie weiterhin, dass die Darbietung von Buchstaben bei Experten automatisch die entsprechenden motorischen Aktionen triggert, die typischerweise diese Buchstaben erzeugen (Rieger, 2004). Diesen Befund replizierten Heinemann, Kiesel, Pohl und Kunde (2009) mit subliminal präsentierten Buchstaben. Bei Experten induzierten unbewusst präsentierte Buchstabenreize motorische Ak-tivation derjenigen Fingerbewegung, die typischerweise diesen Buchstaben erzeugt, sowie motorische Aktivation derselben Hand und desselben Fingers der anderen Hand.

11.2 Perzeptuelle Expertise

Nicht nur Bewegungsabfolgen werden durch jahrelanges Training optimiert, sondern auch Wahrnehmungsprozesse. Perzeptuelle Expertise ist durch schnelle Verarbeitung und Kategorisierung komplexer Stimuli gekennzeich-net. Im Labor können schnelle, quasi-automatische Prozesse der Mustererken-nung bereits durch mehrtägiges Training hergestellt werden. Palmeri (1997) zeigte Probanden Punktemuster mit sechs bis elf Punkten, und die Probanden sollten jeweils die Anzahl der Punkte angeben. Nach einigen Tagen Training variierte die Reaktionszeit nicht mehr mit der Menge der Punkte, d.h. die Probanden zählten die Punkte nicht mehr, sondern erkannten bei bekannten Mustern die Anzahl automatisch.

Im Paradigma der visuellen Suche wird automatische Verarbeitung von Reizen durch sogenannte *Pop-Out Suche* nachgewiesen. Soll man unter zahlreichen blauen Distraktorreizen (Ablenkungsreizen) nach einem roten Targetreiz (Zielreiz) suchen, so sticht dieser heraus und wird unabhängig von der Menge der Distraktorreize schnell erkannt. Sucht man stattdessen unter Buchstaben als Distraktoren nach einem anderen Buchstabentarget, z.B. „P", dann muss jeder Buchstabe im Display durchsucht werden. Bei dieser seriellen Suche hängt die Reaktionszeit bis zum Erkennen des Targetreizes von der Anzahl der Distraktoren ab. Shiffrin und Schneider (1977) demonstrierten, dass nach umfangreichem Training der visuellen Suche nach bestimmten Buchstaben diese Target schließlich aus der Menge der Distraktoren herausstechen. Training einer perzeptuellen Suchaufgabe führt also dazu, dass die gesuchten Muster (Buchstaben) schnell und sicher in komplexen Reizumgebungen erkannt werden.

Im Bereich der Expertiseforschung ist ein viel untersuchtes Beispiel für perzeptuelle Expertise die Leistung von Radiologen (z.B. Wood, 1999). Röntgenbilder sind durchscheinende, zweidimensionale Abbildungen eines dreidimensionalen Körpers, auf denen mehrere anatomische Strukturen übereinander gelagert sind. Typischerweise sind Röntgenbilder wenig kontrastreich, und kleine Besonderheiten des Bildes müssen vom Radiologen erkannt werden. Experten, also Radiologen mit jahrelanger Erfahrung, erkennen anormale Muster im Röntgenbild schneller als Novizen und wählen dann, ebenfalls schneller als Novizen, ein diagnostisches Schema, das zu dieser Anomalität passt, und prüfen dieses. Weiterhin sind Experten durch mehr Flexibilität gekennzeichnet, wenn sie bei der Überprüfung des gewählten Schemas widersprüchliche Informationen erhalten (Wood, 1999). Experten erkennen Anomalien schneller, da sie aufgrund ihres Vorwissens unmittelbar die Bereiche der Anomalie fixieren, während Novizen erst das gesamte Röntgenbild absuchen. Die schnelle Erkennung von Anomalitäten durch Radiologen geht einher mit der Nutzung peripherer (also nicht fixierter) Information (z.B. Kundel, 1975) und einer größeren Sensitivität für wenig kontrastreiche Punkte (Snowden, Davies, & Roling, 2000), wobei jedoch vermutet wird, dass Radiologen nicht per se über besser aufgelöste visuelle Verarbeitung verfügen, sondern dass das jahrelange Training zu veränderten Suchstrategien und erhöhter Sensitivität führt.

Perzeptuelle Expertise wurde in vielen Bereichen demonstriert, z.B. beim Vergleichen von Fingerabdrücken oder beim Schachspielen. Weiterhin wurde perzeptuelle Überlegenheit auch für einen Bereich demonstriert, der auf den ersten Blick unerwartet erscheint, dem häufigen Spielen von Actionspielen am Computer. Bisher hatten wir Computer- und Videospiele nur im negativen Kontext der Übernahme aggressiven Verhaltens genannt (siehe Kapitel 7.4). Jedoch zeigten Green, Li und Bavelier (2009), dass intensives Spielen von Actionspielen auch positive Effekte hat und mit besseren Leistungen in einer Vielzahl von kognitionspsychologischen experimentellen Paradigmen einhergeht. Es scheint, dass häufiges Spielen von Actionspielen zu generell schnellerer Wahrnehmung und Verarbeitung von fovealer (das heißt im Punkt des schärfsten Sehens liegender) und peripherer Information führt.

11.3 Kognitive Expertise

Aktuelle Forschung mit Personen, die häufig Actionspiele spielen, weist darauf hin, dass dies auch kognitive Leistungen, zum Beispiel in Experimenten zum Aufgabenwechsel, beeinflusst. Aufgabenwechselexperimente erfordern Flexibilität und beanspruchen exekutive Kontrollfunktionen (z.B. Kiesel et al., 2010). Colzato, van Leeuwen, van den Wildenberg und Hommel (2010) fanden, dass Personen, die häufig Actionspiele spielen, leichter zwischen Aufgaben wechseln können. Neben perzeptuellen Leistungen scheinen Actionspiele also auch exekutive Kontrollfunktionen, die flexibles Handeln ermöglichen, zu verbessern.

Umfangreiche Forschung zur Expertise im Bereich kognitiver Funktionen wurde durch die Arbeiten von de Groot am Beispiel von Schachexperten angeregt (z.B. de Groot, 1978). Schach ist ein komplexes Problem, bei dem geübte Spieler über viel Wissen verfügen müssen. Zunächst ging de Groot davon aus, dass Schachmeister besser sind, weil sie mehr Züge vorausplanen. Er untersuchte Schachgroßmeister und ließ sie laut ihre Gedanken aussprechen, während sie ein Schachproblem lösten. Interessanterweise ergaben die verbalen Berichte, dass Großmeister kaum mehr Züge vorausplanten als geübte Schachspieler (die wir sicherlich ebenfalls als Experten bezeichnen würden). Stattdessen fanden Großmeister bessere Lösungen, da sie sich auf gute Lösungen konzentrierten und diese genauer überprüften als irrelevante Lösungen.

Weiterhin zeigten die verbalen Berichte des lauten Denkens, dass die Schachgroßmeister beim Erfassen des Schachproblems schneller als weniger gute Schachspieler waren. Diese Beobachtung schnellerer Verarbeitung von Schachstellungen testete de Groot auch experimentell mit einer Wiederherstellungsaufgabe. Er zeigte Schachspielern ein Schachbrett mit 20 bis 25 Schachfiguren für 2 bis 15 Sekunden. Großmeister konnten die Schachstellung nahezu fehlerfrei reproduzieren, während durchschnittliche Schachspieler nur etwa die Hälfte der Schachstellung erinnerten. Experten sind somit durch bessere Leistungen der Enkodierung ins Arbeitsgedächtnis gekennzeichnet. Diese besonderen Gedächtnisleistungen sind spezifisch für den Expertisebereich, denn der Vorteil der Schachgroßmeister ist nur für sinnvolle Schachstellungen zu beobachten und nicht für zufällige Anordnungen von Schachfiguren (Chase & Simon, 1973).

Nach Chase und Simon (1973) bilden Schachexperten beim Enkodieren der Schachfiguren sogenannte *Chunks*, d.h. sie gruppieren drei bis fünf Schachfiguren zusammen und erinnern diese als eine Einheit, während Novizen einzelne Schachfiguren erinnern. In Analogie zu den Kurzzeitgedächtnisarbeiten von Miller (1956) nehmen Chase und Simon an, dass ca. sieben plus/minus zwei Chunks im Arbeitsgedächtnis gespeichert werden. Chunking, also das Zusammenfassen zu sinnvollen Einheiten, erfolgt durch Wissensabruf aus dem Langzeitgedächtnis, und deshalb ist die herausragende Leistung der Experten auf ihren Expertisebereich beschränkt. Für Schachexperten wurde geschätzt, dass sie im Langzeitgedächtnis 10 000 bis 100 000 Chunks gespeichert haben (Simon & Gilmartin, 1973).

Neuere Arbeiten im Bereich Schachexpertise legen nahe, dass die Annahme von Chunks nicht ausreicht, um die herausragenden Leistungen von Schachexperten zu erklären. Gobet und Simon (1996) schlugen deshalb eine Template-Theorie vor, in die sie Chunks integrierten. *Templates* sind Gedächtnisstrukturen, die schematischer und genereller sind als tatsächliche Schachstellungen auf dem Schachbrett. Ein Template besteht aus zwei Teilen: einer festen Informationseinheit, die analog zu Chunks ist, und Freistellen, d.h. variable Information über Schachfiguren und Orte. Durch die Annahme von Freistellen sind Templates flexibler als Chunks, und sie ermöglichen es, eine größere Anzahl von Schachfiguren in einer Einheit zu enkodieren. Deshalb genügen weniger Einheiten, vermutlich ca. drei Templates, um eine Schachposition zu enkodieren (für eine genauere Übersicht zur Schachexpertiseforschung siehe Eysenck & Keane, 2010; Gobet, Chassy, & Bilalic, 2011).

Gegenwärtige Evidenz lässt vermuten, dass Expertise nicht nur effizientere Verarbeitung, sondern qualitativ unterschiedliche Verarbeitung ermöglicht. Bilalic, Kiesel, Pohl, Erb und Grodd (2010) ließen Schachexperten und Schachnovizen eine einfache Schachentdeckungsaufgabe ausführen. Probanden sahen einen 3×3 Ausschnitt eines Schachbretts mit einem König und einer angreifenden Figur. Um zu bestimmen, ob die Figur Schach bot oder nicht, musste die Identität und die Lokation der Schachfigur beachtet werden, und beide Informationen mussten verknüpft werden (siehe Abbildung 11.2). Schachexperten lösten die Schachentdeckungsaufgabe schneller als Novizen. Bei Novizen waren linke parietale und temporale Hirnstrukturen bei dieser Aufgabe aktiv, also Areale, die typischerweise bei der Erkennung von Objekten und ihrer Funktionen beteiligt sind. Interessanterweise waren bei Ausführung dieser Schachaufgabe bei Experten zusätzlich zu linken parietalen und temporalen Hirnstrukturen auch analoge Strukturen der rechten Hemisphäre beteiligt. Deshalb vermuten Bilalic et al. qualitativ unterschiedliche Verarbeitung bei Experten im Vergleich zu Novizen.

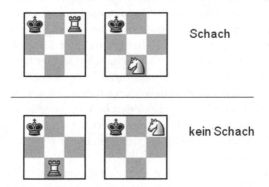

Abbildung 11.2: Beispiele für die Anordnung der Schachfiguren in der Arbeit von Bilalic et al. (2010). Um zu bestimmen, ob eine Figur Schach bot oder nicht, mussten jeweils die Informationen Identität und Lokation des Angreifers verknüpft werden.

Diese Annahme wird weiterhin unterstützt durch eine Studie, in der die Schachdisplays als nicht bewusst wahrnehmbare *Bahnungsreize (Primes)* verwendet wurden (Kiesel, Kunde, Pohl, Berner, & Hoffmann, 2009). Obwohl die Bewertung der Schachdisplays die Integration von Identität und Lokation des Angreifers erforderte, konnten Experten Schachdisplays, die nur 20 ms dargeboten wurden, so verarbeiten, dass sie die Information, ob der Angreifer Schach bietet oder nicht, extrahierten. Diese Integrationsleistung bei gleichermaßen subliminal (unterschwellig) präsentierten Schachdisplays gelang

Schachnovizen hingegen nicht. Vermutlich gelingt Schachexperten diese über-aus schnelle Extraktion von schachbezogener Information, da die Schachdis-plays mit bereits existierenden Chunks oder Templates verglichen werden, in denen Identität und Lokation von Angreifern bereits integriert sind.

Die herausragenden Leistungen von Experten basieren zu einem großen Teil auf dem Abruf gespeicherten Wissens über Lösungen in ähnlichen Situa-tionen. Im Prinzip lösen wir alle die meisten unserer Alltagsprobleme und All-tagsaufgaben so. Wenn wir einmal eine gute Lösung gefunden haben, wenden wir diese wieder und wieder an, ohne erneut nach anderen, eventuell besseren Lösungen zu suchen. Im Bereich des Problemlösens wurde der Begriff *Ein-stellung* geprägt, um zu beschreiben, dass dieselben Lösungen ständig wieder verwendet werden und das Finden besserer Lösungen verhindert wird. Bilalic, McLeod und Gobet (2008) wiesen einen Einstellungseffekt bei Schachexperten nach. Sie präsentierten Schachexperten ein Schachproblem mit zwei möglichen Lösungen, einer vertrauten, aber längeren Lösung, und einer ungewöhnlichen, aber kürzeren Lösung. Die Experten fanden die kürzere Lösung nicht, obwohl sie berichteten, nach einer einfacheren Lösung gesucht zu haben, nachdem sie die vertraute Lösung gefunden hatten. In einer Kontrollbedingung war nur die ungewöhnliche, kurze Lösung möglich und hier fanden die Experten diese auch, d.h. sie waren im Prinzip dazu in der Lage, ein Schachproblem so zu lösen. Analysen von Blickbewegungsdaten zeigten, dass die Experten, sobald sie die vertraute Lösung gefunden hatten, weiterhin auf Schachfelder sahen, die eher mit dieser Lösung assoziiert waren. Die Experten konnten sich offensichtlich beim Suchen nach weiteren Lösungen nicht von der bereits gefundenen Lösung befreien.

Dieselben Einstellungseffekte zeigen sich allgemein bei Problemlöseaufga-ben nach kurzer Übung. Luchins (1942) stellten ihren Probanden Aufgaben in Form von Wasserumschüttversuchen. Durch das Umschütten von Wasser aus drei Behältern sollte eine bestimmte Wassermenge hergestellt werden. Bei-spielsweise fasste Behälter A 28 cl, Behälter B 76 cl und Behälter C 3 cl und die Probanden sollten 25 cl abmessen. Dies ist eine einfache Aufgabe (Behälter A füllen und einmal Behälter C daraus abgießen), die von den meisten Proban-den gelöst wurde. Luchins zeigte, dass diese einfache Lösung nur noch von gut einem Drittel der Probanden gefunden wurde, wenn die Probanden zuvor schwierigere Aufgaben trainiert hatten, die alle nach demselben, komplexen Schema gelöst werden konnten (z.B. dem Schema fülle B und gieße zweimal C und einmal A ab). Es wird vermutet, dass die alte Lösungsstrategie persistiert und diese *Einstellung* verhindert, dass andere Lösungen gefunden werden.

11.4 Zusammenfassung

Expertise bedeutet, dass Aufgaben bzw. Probleme in einer bestimmten Domäne sehr gut gelöst werden können. Sicherlich gibt es körperliche und kognitive Voraussetzungen (im Sinne von Mindestanforderungen), um Experte in einem Bereich zu werden. Jedoch sind Experten nicht generell „Wunderkinder" mit allgemein herausragenden perzeptuellen, kognitiven und motorischen Fähigkeiten, sondern sie agieren in Bereichen außerhalb ihrer Expertise auf einem normalen Niveau. Expertise wird durch jahrelanges, intensives Training erworben. Dadurch entstehen Strukturen im Langzeitgedächtnis, die die effektive Bearbeitung der Aufgaben ermöglicht. Vor diesem Hintergrund könnte man hinterfragen, ob die hier getroffene Unterteilung in perzeptuelle, kognitive und motorische Fertigkeiten streng genommen überhaupt notwendig ist. Der Mechanismus, um Experte zu werden, ist vermutlich in allen Bereichen gleich: intensive, jahrelange Übung.

Jedoch ist nicht jede Ausführung einer Tätigkeit gleich gut geeignet, um besondere Leistungen zu erreichen. Im Sportbereich beispielsweise gibt es viele Hobbysportler, die sehr viel Zeit mit einer Sportart verbringen, ohne jedoch ihre Leistungen auf ein ähnliches Level wie Profis zu steigern. Offensichtlich ist die Trainingsart entscheidend für den Erfolg des Trainings. Ericsson, Krampe und Tesch-Römer (1993) formulierten eine Theorie, wie Training gestaltet sein muss, um besonders effizient zu sein, und betonten vier Aspekte. (1) Der Lerner muss dazu motiviert sein, die Aufgabe auszuführen und seine Leistung zu verbessern. (2) Das Training muss in Bezug auf die Schwierigkeit an den Trainingsstand angepasst sein und darf weder zu schwer noch zu einfach sein, so dass der Lerner nach kurzer Instruktion die Aufgabe versteht. (3) Der Lerner sollte unmittelbares und informatives Feedback erhalten. (4) Der Lerner braucht die Gelegenheit, dieselbe oder eine ähnliche Aufgabe wiederholt auszuführen.

📖 *Weiterführende Literatur*

Eysenck, M. W. & Keane, M. T. (2010). *Cognitive Psychology. A student's handbook* (6th Edition). Hove: Psychology Press.
Gobet, F., Chassy, P., & Bilalic, M. (2011). *Foundations of Cognitive Psychology.* Berkshire, UK: McGraw-Hill.

12 Ausblick – Lernen, Wissen, Kognition, Handeln

In diesem einführenden Lehrbuch haben wir die wichtigsten Bereiche der Lernpsychologie dargestellt. Eine zentrale Annahme besteht dabei darin, dass Lernen auf der Bildung von Assoziationen beruht. Assoziationen verknüpfen mentale Repräsentationen, die sich typischerweise auf Objekte oder Ereignisse in der Umwelt beziehen. Zum Beispiel könnten in der operanten Konditionierung Assoziationen zwischen fleißigem Lernverhalten und dem Lob der Lehrerin gebildet werden. Dabei ist offensichtlich, dass sich die in den 11 Kapiteln dieses Buches beschriebenen Forschungsbereiche in der Natur der assoziierten Repräsentationen unterscheiden. Zum Beispiel werden beim motorischen Lernen Bewegungen miteinander assoziiert und deren Ausführung und Abfolge optimiert, während etwa das Kategorienlernen erfordert, dass Assoziationen zwischen einzelnen Exemplaren und der Kategorienzugehörigkeit gebildet werden.

In vielen lernpsychologischen Experimenten dient die Assoziationsbildung dem Zweck, unmittelbar auf eine Situation angemessen zu reagieren. Zum Beispiel kann ich lernen, einen unangenehmen Luftstoß aufs Auge zu vermeiden, wenn ich weiß, dass er durch einen Ton angekündigt wird. Der wichtige Punkt hierbei ist allerdings, dass Lernen zu Wissen führt, und dass es das erworbene Wissen ist, das zu der oben beschriebenen Veränderung des Verhaltenspotentials führt.

Vor diesem Hintergrund ist die aktuelle Lernpsychologie durch zwei Forschungsfragen gekennzeichnet. Erstens besteht die Frage, ob Lernen und das dabei erworbene Wissen auch unbewusst sein kann oder ob Lernen stets bewusst ist. Diese Frage nach der Rolle des Bewusstseins beim Lernen hat Forscher zu zahlreichen experimentellen Studien angeregt und die Lernpsychologie im letzten Vierteljahrhundert sowohl theoretisch als auch empirisch wesentlich bereichert (Shanks, 2010).

Die zweite Frage bezieht sich auf die Natur der Assoziationen selbst. Eine Möglichkeit besteht darin, dass erworbene Assoziationen lediglich automati-

sche Verbindungen zwischen mentalen Repräsentationen sind, die aber ungerichtet und dadurch letztlich völlig inhaltsfrei sind. In diesem Sinne wären
Assoziationen metaphorisch gesprochen gewissermaßen das Grundgerüst des
menschlichen Denkens, aber das eigentliche Gebäude der Kognition müsste
dann aus anderen, nicht-assoziativen Bausteinen bestehen, d. h. es müsste
zwei qualitativ verschiedenartige kognitive Mechanismen geben: assoziativ
und nicht-assoziativ. Als Alternative zu diesem dualen Ansatz gibt es aber
auch die theoretische Vorstellung, dass Assoziationen gerichtet und damit in-
haltlich strukturiert sind, indem sie etwa nicht nur zwei (oder mehr) Repräsentationen miteinander verknüpfen, sondern dabei auch eine Kausalrichtung
repräsentieren (Waldmann, 2008). Dieser theoretische Ansatz geht davon aus,
dass selbst bei den einfachsten Formen der Konditionierung Kausalwissen
erworben wird. Solche Ansätze gehen weit über eine sehr enge Auslegung
des Assoziationskonzepts hinaus und führen insbesondere diejenigen Bereiche der Lernpsychologie, die traditionell mit dem Begriff „Konditionierung"
verbunden sind, in die Mitte der aktuellen Forschungsthemen der Kognitionspsychologie (Shanks, 2010; Waldmann, 2008).

Die Lernpsychologie umfasst aber auch eine Reihe von weiteren For-
schungsgebieten, die weniger stark in der assoziationistischen Tradition stehen, z. B. dem motorischen Lernen oder der Expertiseforschung. Tatsächlich
ist Lernen ein zentrales Forschungsthema der Kognitionspsychologie, da Lernen die Grundlage für Gedächtnis, Wissen, Kategorisierungsprozesse bei der
Wahrnehmung, Motorik, Sprache sowie komplexere Urteils- und Entschei-
dungsprozesse liefert. Die elementaren Mechanismen des menschlichen Lernens sind demnach von größter theoretischer Bedeutung, und Fragen nach der
Natur von Assoziationen und der Rolle des Bewusstseins beim menschlichen
Denken sind aus der Psychologie nicht mehr wegzudenken.

Neben dieser großen theoretischen Bedeutung der Lernpsychologie für die
aktuelle Kognitionsforschung ist aber natürlich auch der fundamentale Beitrag der Lernpsychologie in wichtigen praktischen Fragen zu nennen. Wenn
wir Lernen als Veränderung des Verhaltenspotentials betrachten, dann legt
das auch die Möglichkeit nahe, Verhalten durch Anwendung lernpsychologischer Prinzipien systematisch zu modifizieren. Die wichtigsten Anwendungen liegen wohl im Bereich der Psychotherapie und der Pädagogik. In diesem
einführenden Lehrbuch zur Lernpsychologie konnten wir selbstverständlich
nur einen ganz kleinen Einblick in Techniken der verhaltenstherapeutischen
Behandlung geben. Hier sind die Leserinnen und Leser auf Lehrbücher der
Klinischen Psychologie verwiesen. Für Anwendungen im Bereich der Instruktion des menschlichen Lernens (d. h. dem Lehren, etwa im schulischen Kon-

text) sowie des Umgangs mit Schülern im Unterricht können wir hier nur auf Lehrbücher zur Pädagogischen Psychologie verweisen.

Literaturverzeichnis

Abernethy, B., & Russell, D. G. (1987). Expert-novice differences in an applied selective attention task. *Journal of Sport Psychology, 9*, 326–345.
Abrahamse, E. L., Jiménez, L., Verwey, W. B., & Clegg, B. A. (2010). Representing serial action and perception: An update. *Psychonomic Bulletin & Review, 17*, 603–623.
Adams, J. A. (1971). A closed-loop theory of motor learning. *Journal of Motor Behavior, 3*, 111–150.
Anderson, J. R. (2000). *Learning and memory: An integrated approach* (2nd ed.). New York: John Wiley.
Anderson, J. R. (2007). *Kognitive Psychologie* (6. Auflage). Heidelberg: Spektrum.
Anderson, C. A., & Bushman, B. J. (2002). Human aggression. *Annual Review of Psychology, 53*, 27–51.
Ashby, F. G., & Maddox, W. T. (2005). Human category learning. *Annual Review of Psychology, 56*, 149–178.
Ashby, F. G., & O'Brien, J. B. (2005). Category learning and multiple memory systems. *Trends in Cognitive Sciences, 2*, 83–89.
Ayllon, T., & Cole, M. A. (2005). Münzverstärkung. In M. Linden & M. Hautzinger (Hrsg.). Verhaltenstherapiemanual (S. 234–237). Heidelberg: Springer.
Bandura, A. (1965). Influence of models' reinforcement contingencies on the acquisition of imitative responses. *Journal of Personality and Social Psychology, 1*, 589–595.
Bandura, A. (1969). *Principles of behavior modification.* New York: Holt, Rinehart & Winston.
Bandura, A. (1977). *Social Learning Theory.* New York: General Learning Press.
Bandura, A., & Walters, R. H. (1963). *Social learning and personality development.* New York: Holt, Rinehart & Winston.
Barsalou, L. W. (1987). The instability of graded structure: Implications for the nature of concepts. In U. Neisser (Ed.), *Concepts and conceptual development: Ecological and intellectual factors in categorization* (pp. 101–140). Cambridge: Cambridge University Press.
Barsalou, L. W. (2003). Abstraction in perceptual symbol systems. *Philosophical Transactions of the Royal Society of London: Biological Sciences, 358*, 1177–1187.
Barsalou, L. W. (2008). Grounded cognition. *Annual Review of Psychology, 59*, 617–645.
Barsalou, L. W., Simmons, W. K., Barbey, A., & Wilson, C. D. (2003). Grounding conceptual knowledge in modality-specific systems. *Trends in Cognitive Sciences, 7*, 84–91.
Berry, D. C., & Broadbent, D. E. (1984). On the relationship between task performance and associated verbalizable knowledge. *Quarterly Journal of Experimental Psychology, 39A*, 585–609.
Berry, D. C., & Broadbent, D. E. (1988). Interacitve tasks and the implicit-explicit distinction. *British Journal of Psychology, 79*, 251–272.
Bernstein, I. L. (1978). Learned taste aversions in children receiving chemotherapy. *Science, 200*, 1302–1303.
Bernstein, N. A. (1947). *O Postroenii Dvizhenii [On the Construction of Movements].* Medzig, Moscow.
Bilalic, M., Kiesel, A., Pohl, C., Erb, M., & Grodd, W. (2011). It takes two – Skilled recognition of objects engages lateral areas in both hemispheres. *PLoS ONE, 6*, 1–11.

Bilalic, M., McLeod, P., & Gobet, F. (2008). Why good thoughts block better ones: The mechanisms of the pernicious Einstellung (set) effect. *Cognition, 108*, 652–661.

Bouton, M. E. (1993). Context, time, and memory retrieval in the interference paradigms of Pavlovian learning. *Psychological Bulletin, 114*, 80–99.

Brass, M., Bekkering, H., & Prinz, W. (2001). Movement observation affects movement execution in a simple response task. *Acta Psychologica, 106*, 3–22.

Brass, M., Bekkering, H., Wohlschläger, A., & Prinz, W. (2000). Compatibility between observed and executed finger movements: Comparing symbolic, spatial, and imitative cues. *Brain and Cognition, 44*, 124–143.

Brewer, W. F. (1974). There is no convincing evidence for operant or classical condition in adult humans. In W. B. Weimer & C. S. Palermo (Eds.), *Cognition and the symbolic processes* (pp. 1–42). Hillsdale, NJ: Erlbaum.

Bruner, J. S., Goodnow, J. J., & Austin, G. A. (1956). *A study of thinking*. New York: Wiley.

Brysbaert, M., & Rastle, K. (2009). *Historical and Conceptual Issues in Psychology*. Harlow: Pearson Education.

Buchner, A., & Frensch, P. A. (2000). Wie nützlich sind Sequenzlernaufgaben? Zum theoretischen Status und der empirischen Befundlage eines Forschungsparadigmas. *Psychologische Rundschau, 51*, 10–18.

Butz, M. V., Herbort, O., & Hoffmann, J. (2007). Exploiting redundancy for flexible behavior: Unsupervised learning in a modular sensorimotor control architecture. *Psychological Review, 114*, 1015–1046.

Butz, M. V., & Hoffmann, J. (2002). Anticipations control behavior: Animal behavior in an anticipatory learning classifier system. *Adaptive Behavior, 10*, 75–96.

Chase, W. G., & Simon, H. A. (1973). Perception in chess. *Cognitive Psychology, 4*, 55–81.

Cleeremans, A., Destrebecqz, A., & Boyer, M. (1998). Implicit learning: News from the front. *Trends in Cognitive Sciences, 2*, 406–416.

Collins, A. M., & Loftus, E. F. (1975). A spreading-activation theory of semantic processing. *Psychological Review, 82*, 407–428.

Colwill, R. M., & Rescorla, R. A., (1985). Post-conditioning devaluation of a reinforcer affects instrumental responding. *Journal of Experimental Psychology: Animal Behavior Processes, 11*, 120–132.

Colzato, L. S., van Leeuwen, P. J. A., van den Wildenberg, W., & Hommel, B. (2010). DOOM'd to switch: Superior cognitive flexibility in players of first person shooter games. *Frontiers in Cognition, 1:8*.

Curran, T. (1998). Implicit sequence learning from a cognitive neuroscience perspective: What, how and where? In M. A. Stadler & P. A. Frensch (Eds.), *Handbook of implicit learning* (pp. 365–400). Thousand Oaks, CA: Sage.

Davis, M. (1974). Sensitization of the rat startle response by noise. *Journal of Comparative and Physiological Psychology, 87*, 571–581.

Davison, G. C., Neale, J. M., & Hautzinger, M. (2002). Klinische Psychologie. Weinheim: Beltz.

De Groot, A. (1978). *Thought and choice in chess* (first published in Dutch, 1946). The Hague: Mouton Publishers.

De Houwer, J. (2009). The propositional approach to associative learning as an alternative for association formation models. *Learning & Behavior, 37*, 1–20.

De Houwer, J., & Beckers, T. (2002). A review of recent developments in research and theory on human contingency learning. *Quarterly Journal of Experimental Psychology, 55B*, 289–310.

Destrebecqz, A., & Cleeremans, A. (2001). Can sequence learning be implicit? New evidence with the process dissociation procedure. *Psychonomic Bulletin & Review, 8*, 343–350.

Dickinson, A., Shanks, D., & Evenden, J. (1984) Judgment of act-outcome contingency: The role of selective attribution. *The Quarterly Journal of Experimental Psychology 36A*, 29–50.

Dienes, Z., & Berry, D. (1997). Implicit learning: Below the subjective threshold. *Psychonomic Bulletin & Review, 4,* 3–23.

Elsner, B., & Hommel, B. (2001). Effect anticipation and action control. *Journal of Experimental Psychology: Human Perception and Performance, 27,* 229–240.

Ericsson, K. A., Krampe, R. T., & Tesch-Römer, C. (1993). The role of deliberate practice in the acquisition of expert performance. *Psychological Review, 100,* 363–406.

Eysenck, M. W., & Keane, M. T. (2010). *Cognitive Psychology. A student's handbook.* Hove: Psychology Press.

Ferster, C. B., & Skinner, B. F. (1957). *Schedules of Reinforcement.* New York: Appleton-Century-Crofts.

Field, A. P. (2000). I like it, but I'm not sure why: Can evaluative conditioning occur without conscious awareness? *Consciousness and Cognition, 9,* 13–36.

Fitts, P. M. (1964). Perceptual-motor skill learning. In A. W. Melton (Ed.), *Categories of human learning* (pp. 243–285). New York: Academic Press.

Garcia, J., & Koelling, R. A. (1966). Relation of cue to consequence in avoidance learning. *Psychonomic Science, 4,* 123–124.

Gazzaniga, M. S., Ivry, R., & Mangun, G. R. (2009). *Cognitive Neuroscience: The Biology of the Mind* (3rd Edition). W. W. Norton & Company.

Gazzola, V., Rizzolatti, G., Wicker, B., & Keysers C. (2007). The anthropomorphic brain: the mirror neuron system responds to human and robotic actions. *Neuroimage, 35,* 1674–1684.

Gobet, F., Chassy, P., & Bilalic, M. (2011). *Foundations of cognitive psychology.* Berkshire, UK: McGraw-Hill.

Gobet, F., & Simon, H. A. (1996). Templates in chess memory: A mechanism for recalling several boards. *Cognitive Psychology, 31,* 1–40.

Goschke, T. (1998). Implicit learning of perceptual and motor sequences. In M. A. Stadler & P. A. Frensch (Eds.), *Handbook of implicit learning* (pp. 401–444). Thousand Oaks, CA: Sage.

Green, C. S., Li, R., & Bavelier, D. (2009). Perceptual learning during action video games. *Topics in Cognitive Science, 2,* 202–216.

Greenwald, A. G. (1992). New Look 3: Reclaiming unconscious cognition. *American Psychologist, 47,* 766–779.

Grice, G. R. (1948). The relation of secondary reinforcement to delayed reward in visual discrimination learning. *Journal of Experimental Psychology, 38,* 1–16.

Guthrie, E. R. (1935). *The psychology of learning.* New York: Harper.

Guttman, N., & Kalish, H. I. (1956). Discriminability and stimulus generalization. *Journal of Experimental Psychology, 51,* 79–88.

Gynther, M. D. (1957). Differential eyelid conditioning as a function of stimulus similarity and strength of response to the CS. *Journal of Experimental Psychology, 53,* 408–416.

Hand, I. (2005). Exposition und Konfrontation. In M. Linden & M. Hautzinger (Hrsg.). *Verhaltenstherapiemanual* (S. 152–162). Heidelberg: Springer.

Hautzinger, M. (2005). Depressionen. In M. Linden & M. Hautzinger (Hrsg.). *Verhaltenstherapiemanual* (S. 465–471). Heidelberg: Springer.

Heinemann, A., Kiesel, A., Pohl, C., & Kunde, W. (2010). Masked response priming in expert typists. *Consciousness and Cognition, 19,* 399–407.

Hendrickx, H., DeHouwer, J., Bayens, F., Eelen, P., & Van Avermaet, E. (1997). Hidden covariation detection might be very hidden indeed. *Journal of Experimental Psychology: Learning, Memory and Cognition, 23,* 201–220.

Herbart, J. F. (1825). *Psychologie als Wissenschaft neu gegründet auf Erfahrung, Metaphysik und Mathematik.* Königsberg: August Wilhelm Unzer.

Herwig, A., Prinz, W., & Waszak, F. (2007). Two modes of sensorimotor integration in intention-based and stimulus-based action. *Quarterly Journal of Experimental Psychology A: Human Experimental Psychology, 60,* 1540–1554.

Hiroto, D.S., & Seligman, M.E.P. (1975). Generality of learned helplessness in man. *Journal of Personality and Social Psychology, 31,* 311–327.

Hoffmann, J. (1993a). Unbewußtes Lernen – eine besondere Lernform? *Psychologische Rundschau, 44,* 75–89.

Hoffmann, J. (1993b). *Vorhersage und Erkenntnis.* Göttingen: Hogrefe.

Hoffmann, J., Berner, M., Butz, M.V., Herbort, O., Kiesel, A., Kunde, W., & Lenhard, A. (2007). Explorations of anticipatory behavioral control (ABC): a report from the cognitive psychology unit of the University of Würzburg. *Cognitive Processing, 8,* 133–142.

Hoffmann, J., Butz, M.V., Herbort, O., Kiesel, A., & Lenhard, A. (2007). Spekulationen zur Struktur ideo-motorischer Beziehungen. *Zeitschrift für Sportpsychologie, 14,* 95–103.

Hoffmann, J. & Koch, I. (1997). Stimulus-Response compatibility and sequential learning in the serial reaction time task. *Psychological Research, 60,* 87–97.

Hoffmann, J. & Koch, I. (1998). Implicit learning of loosely defined structures. In M.A. Stadler & P.A. Frensch (Eds.), *Handbook of implicit learning* (pp. 161–199). Thousand Oaks, CA: Sage.

Hoffmann, J., Sebald, A., & Stöcker, C. (2001). Irrelevant response effects improve serial learning in serial reaction time tasks. *Journal of Experimental Psychology: Learning, Memory and Cognition, 27,* 470–482.

Hofmann, W., De Houwer, J., Perugini, M., Baeyens, F., & Crombez, G. (2010). Evaluative conditioning in humans: A meta-analysis. *Psychological Bulletin, 136,* 390–421.

Hommel, B., Müsseler, J., Aschersleben, G., & Prinz, W. (2001). The theory of event coding (TEC): A framework for perception and action planning. *Behavioral and Brain Sciences, 24,* 849–937.

Howe, M.J.A., Davidson, J.W., & Sloboda, J.A. (1998). Innate talents: Reality or myths? *Behavioral and Brain Sciences, 21,* 399–407.

Huesmann, L.R., & Taylor, L.D. (2006). The Role of Media Violence in Violent Behavior. *Annual Review of Public Health, 27,* 393–415.

Hull, C.L. (1920). Quantitative aspects of the evolution of concepts. *Psychological Monographs* (Whole No. 123).

Iacoboni, M. (2005). Neural mechanisms of imitation. *Current Opinion in Neurobiology, 15,* 632–637.

James, W. (1890/1981). *The principles of psychology.* Cambridge, MA: Harvard University Press.

Jenkins, H.M., & Harrison, R.H. (1962). Generalization gradients of inhibition following auditory discrimination learning. *Journal of Experimental Analysis of Behavior, 5,* 435–441.

Jenkins, I.H., Brooks, D.J., Nixon, P.D. Frackowiak, R.S., & Passingham, R.E. (1994). Motor sequence learning: A study with positron-emission tomography. *Journal of Neuroscience, 14,* 3775–3790.

Joly-Mascheroni, R.M., & Senju, A., & Shepherd, A.J. (2008). Dogs catch human yawns. *Biology Letters, 4(5),* 446–448.

Johnson, J.G., Cohen, P., Smailes, E.M., Kasen, S., & Brook, J.S. (2002). Television Viewing and Aggressive Behavior During Adolescence and Adulthood. *Science, 295,* 2468–2471

Joly-Mascheroni, R.M., Senju, A., & Sheperd, A.J. (2008). Dogs catch human yawns. *Biology letters Animal Behaviou, 4,* 446–448.

Kamin, L.J. (1969). Predictability, surprise, attention and conditioning. In B.A. Campbell & R.M. Church (Eds.), *Punishment and aversive behavior* (pp. 279–296). New York: Appleton-Century-Crofts.

Kanfer, F.H., Reinecker, H., & Schmelzer, D. (2006). *Selbstmanagement-Therapie. Ein Lehrbuch für die klinische Praxis.* Berlin: Springer.

Kazdin, A. E. (1982). The token economy: A decade later. *Journal of Applied Behavior Analysis, 15,* 431–445.

Keele, S. W. (1968). Movement control in skilled motor performance. *Psychological Bulletin, 70,* 387–403.

Keele, S. W., Cohen, A., & Ivry, R. (1990). Motor programs: Concepts and issues. In M. Jeannerod (Ed.), *Attention and performance XIII: Motor representation and control* (pp. 77–110). Hillsdale, NJ: Lawrence Erlbaum Associates.

Keele, S. W., & Posner, M. I. (1968). Processing of visual feedback in rapid movements. *Journal of Experimental Psychology, 77,* 155–158.

Keele, S. W., Ivry, R. B., Mayr, U., Hazeltine, E., & Heuer, H. (2003). The cognitive and neural architecture of sequence representation. *Psychological Review, 110,* 316–339.

Kerzel, D., & Bekkering, H. (2000). Motor activation from visible speech: Evidence from stimulus response compatibility. *Journal of Experimental Psychology: Human Perception and Performance, 26,* 634–647.

Kiesel, A., & Hoffmann, J. (2004). Variable action effects: Response control by context-specific effect anticipations. *Psychological Research, 68,* 155–162.

Kiesel, A., Kunde, W., Pohl, C., Berner, M. P., & Hoffmann, J. (2009). Playing chess unconsciously. *Journal of Experimental Psychology: Learning, Memory, and Cognition, 35,* 292–298.

Kiesel, A., Steinhauser, M., Wendt, M., Falkenstein, M., Jost, K., Phillip, A., & Koch, I. (2010). Control and interference in task switching – A review. *Psychological Bulletin, 136,* 849–874.

Koch, I. (2001). Intentional and automatic activation of task set. *Journal of Experimental Psychology: Learning, Memory, and Cognition, 27,* 1474–1486.

Koch, I. (2002). Konditionieren und implizites Lernen. In J. Müsseler (Hrsg.), *Allgemeine Psychologie* (1. Auflage)(S. 387–431). Heidelberg: Spektrum.

Koch, I. (2007). Anticipatory response control in motor sequence learning: Evidence from stimulus-response compatibility. *Human Movement Sciences, 26,* 257–274.

Koch, I. (2008). Konditionieren und implizites Lernen. In J. Müsseler (Hrsg.), *Allgemeine Psychologie* (2. Auflage)(S. 338–374). Heidelberg: Spektrum.

Koch, I., & Hoffmann, J. (2000). The role of stimulus-based and response-based spatial information in sequence learning. *Journal of Experimental Psychology: Learning, Memory, and Cognition, 26,* 863–882.

Koch, I., & Kunde, W. (2002). Verbal response-effect compatibility. *Memory & Cognition, 30,* 1297–1303.

Konczak, J. (2008). Motorische Kontrolle. In J. Müsseler (Hrsg.), *Allgemeine Psychologie* (2. Aufl.) (S. 738–764). Heidelberg: Spektrum Akademischer Verlag.

Kornblum, S., Hasbroucq, T., & Osman, A. (1990). Dimensional overlap: Cognitive basis of stimulus-response compatibility—A model and taxonomy. *Psychological Review, 97,* 253–170.

Kruschke, J. K. (2005). Category Learning. In K. Lamberts & R. L. Goldstone (Eds.), *The Handbook of Cognition* (pp. 183–201). London: Sage.

Kunde, W. (2001). Response-effect compatibility in manual choice reaction tasks. *Journal of Experimental Psychology: Human Perception and Performance, 27,* 387–394.

Kunde, W. (2003). Temporal response-effect compatibility. *Psychological Research, 67,* 153–159.

Kundel, H. L. (1975). Peripheral vision, structured noise, and film reader error. *Radiology, 114,* 175–181.

Levey, A. B., & Martin, I. (1975). Classical conditioning of human ‚evaluative‘ responses. *Behaviour Research and Therapy, 13,* 221–226.

Lewicki, P. (1986). Processing information about covariation that cannot be articulated. *Journal of Experimental Psychology: Learning, Memory, and Cognition, 12,* 135–146.

Lewicki, P., Hill, T., & Czyzewska, M. (1992). Nonconscious acquisition of information. *American Psychologist, 47,* 796–801.

Luchins, A. S. (1942). Mechanization in problem solving. The effect of ‚Einstellung'. *Psychological Monographs, 54,* 1–95.

Lieberman D. A. (2004). *Learning and memory. An integrative approach.* Wadsworth. Belmont USA.

Linden, M. (2005). Systematische Desensibilisierung. In M. Linden & M. Hautzinger (Hrsg.). *Verhaltenstherapiemanual* (S. 286–289). Heidelberg: Springer.

Linden, M., & Hautzinger, M. (2005). *Verhaltenstherapiemanual.* Heidelberg: Springer

Lück, H. E., & Miller, R. (2006). *Illustrierte Geschichte der Psychologie.* Weinheim: Beltz Verlag.

Magill, R. A. (1998). *Motor learning and control: Concepts and applications* (5th Ed.). New York: McGraw-Hill.

Markman, A. B., & Ross, B. H. (2003). Category use and category learning. *Psychological Bulletin, 129,* 592–615.

Marx, M. H. & Cronan-Hillix, W. A. (1987). *Systems and theories in psychology* (4th ed.). McGraw-Hill.

Mazur, J. E. (2006). *Lernen und Verhalten.* München: Pearson Studium.

McCloskey, M. E. & Glucksberg, S. (1978). Natural categories. Well-defined or fuzzy sets? *Memory & Cognition, 6,* 462–472.

Medin, D. L., Lynch, E. B., & Solomon, K. O. (2000). Are there kinds of concepts? *Annual Review of Psychology, 51,* 121–147.

Meltzoff, A. N., & Moore, M. K. (1977). Imitation of facial and manual gestures by human neonates. *Science, 198,* 75–78.

Meltzoff, A. N. (2005). Imitation and other minds: The „Like Me" hypothesis. In S. Hurley & N. Chater (Eds.), *Perspectives on imitation: From cognitive neuroscience to social science* (pp. 55–77). Cambridge: MIT Press.

Meyer, D. E., & Schvaneveldt, R. W. (1976). Meaning, memory structure, and mental processes. *Science, 192,* 27–33.

Miller, G. A. (1956). The magical number seven, plus or minus two: Some limits on our capacity for processing information. *Psychological Review, 63,* 81–97.

Miller, R. R., Barnet, R. C., & Grahame, N. J. (1995). Assessment of the Rescorla-Wagner model. *Psychological Bulletin, 117,* 363–386.

Mitchell, C. J., De Houwer, J., & Lovibond, P. F. (2009). The propositional nature of human associative learning. *Behavioral and Brain Sciences, 32,* 183–246.

Mowrer, O. H. (1947). On the dual nature of learning – a reinterpretation of conditioning and problem solving. *Harvard Educational Review, 17,* 102–148.

Murphy, G. L. (2002). *The big book of concepts.* Cambridge, MA: MIT Press.

Nissen, M. J., & Bullemer, P. (1987). Attentional requirements of learning: Evidence from performance measures. *Cognitive Psychology, 19,* 1–32.

Otte, E., Habel, U., Schulte-Rüther, M., Konrad, K., & Koch, I. (2011). Interference in simultaneously perceiving and producing facial expressions—Evidence from electromyography. *Neuropsychologia, 49,* 124–130.

Palmeri, T. J. (1997). Exemplar similarity and the development of automaticity. *Journal of Experimental Psychology: Learning, Memory, and Cognition, 23,* 324–354.

Pavlov, I. V. (1927). *Conditioned reflexes.* Oxford: Oxford University Press.

Pearce, J. M. (1997). *Animal learning and cognition: An introduction* (2nd ed.) Hove: Psychology Press.

Perrig, W. J. (1996). Implizites Lernen. In J. Hoffmann & W. Kintsch (Hrsg.), *Enzyklopädie der Psychologie,* Band 7 (S. 203–234). Göttingen: Hogrefe.

Perruchet, P., & Pacton, S. (2006). Implicit learning and statistical learning: One phenomenon, two approaches. *Trends in Cognitive Sciences, 10,* 233–238.

Pfister, R., Janczyk, M., & Kunde, W. (2010). *Los, beweg dich! – Aber wie? Ideen zur Steuerung menschlicher Handlungen.* In-Mind Magazine, 4.

Pfister, R., Kiesel, A., & Hoffmann, J. (2011). Learning at any rate: Action-effect learning for stimulus-based actions. *Psychological Research, 75,* 61–65.

Pfister, R., Kiesel, A., & Melcher, T. (2010). Adaptive control of ideomotor effect anticipations. *Acta Psychologica, 135,* 316–322.

Pfungst, O. (1907). *Das Pferd des Herrn von Osten (Der kluge Hans). Ein Beitrag zur experimentellen Tier- und Menschen-Psychologie.* Leipzig: Barth.

Phillips, D. P. (1974). The influence of suggestion on suicide: Substantive and theoretical implications of the Werther effect. *American Sociological Review, 39,* 340–354.

Premack, D. (1959). Toward empirical behavior laws. 1. Positive reinforcement. *Psychological Review, 66,* 219–233.

Proctor, R. W., & Vu, K.-P. L. (2006). *Stimulus-response compatibility principles: Data, theory, and application.* Boca Raton, FL: CRC Press.

Prokasy, W. F., Grant, D. A., & Myers, N. A. (1958). Eyelid conditioning as a function of UCS intensity and intertrial interval. *Journal of Experimental Psychology, 55,* 242–246.

Rachmann, S. (1977). The conditioning theory of fear-acquisition: A critical examination. *Brain Research and Therapy, 15,* 375–387.

Reber, A. S. (1967). Implicit learning of artificial grammars. *Journal of Verbal Learning & Verbal Behavior, 6,* 855–863.

Reber, A. S. (1989). Implicit learning and tacit knowledge. *Journal of Experimental Psychology: General, 118,* 219–235.

Reinecker, H. (2000). *Selbstmanagement.* In J. Margraf, Lehrbuch der Verhaltenstherapie, Band 1 (pp. 525–540). Berlin: Springer.

Rescorla, R. A. (1968). Probability of shock in the presence and absence of CS in fear conditioning. *Journal of Comparative and Physiological Psychology, 66,* 1–5.

Rescorla, R. A. (1988). Pavlovian Conditioning. It's Not What You Think It Is. *American Psychologist, 43,* 151–160.

Rescorla, R. A., & Wagner, A. R. (1972). A theory of Pavlovian conditioning: Variations on the effectiveness of reinforcement and nonreinforcement. In A. H. Black & W. F. Prokasy (Eds.), *Classical conditioning: II. Current research and theory* (pp. 64–99). New York: Appleton-Century-Crofts.

Rieger, M. (2004). Automatic keypress activation in skilled typing. *Journal of Experimental Psychology: Human Perception and Performance, 30,* 555–565.

Rieger, M. (2007). Letters as visual action-effects in skilled typing. *Acta Psychologica, 126,* 138–153.

Rizley, R. C., & Rescorla, R. A. (1972). Associations in higher order conditioning and sensory preconditioning. *Journal of Comparative Physiological Psychology, 81,* 1–11.

Rizzolatti, G. (2005). The mirror neuron system and its function in humans. *Anatomy and Embryology, 210(5-6),* 419–21.

Robertson, E. M. (2007). The serial reaction time task: Implicit motor skill learning? *The Journal of Neuroscience, 27,* 10073–10075.

Rosch, E. (1973). Natural categories. *Cognitive Psychology, 4,* 328–350.

Rosch, E. (1975). Cognitive representations of semantic categories. *Journal of Experimental Psychology: General, 104,* 192–233.

Rosch, E., & Mervis, C. B. (1975). Family resemblances: Studies in the internal structure of categories. *Cognitive Psychology, 7,* 573–605.

Rosch, E., Mervis, C. B., Gray, W., Johnson, D., & Boyes-Braem, P. (1976). Basic objects in natural categories. *Cognitive Psychology, 8,* 382–439.

Rosenbaum, D. A. (2010). *Human motor control* (2nd Ed.). San Diego: Academic Press/Elsevier.

Sandler, J. (2005). Aversionsbehandlung. In M. Linden & M. Hautzinger (Hrsg.). *Verhaltens-therapiemanual* (S. 110–112). Heidelberg: Springer.

Schack, T. (2007). Repräsentation und Bewegungssteuerung – die kognitiv-perzeptuelle Perspektive. *Zeitschrift für Sportpsychologie, 14*, 104–113.

Schack, T., & Mechsner, F. (2006). Representation of motor skills in human long-term-memory. *Neuroscience Letters, 391*, 77–81.

Schmidke, A., & Häfner, H. (1986). Die Vermittlung von Selbstmordmotivation und Selbstmordhandlung durch fiktive Modelle. Die Folgen der Fernsehserie „Tod eines Schülers". *Nervenarzt, 57*, 502–510.

Schmidt, R. A., & Lee, T. D. (2005). *Motor control and learning: A behavioral emphasis* (4th ed.). Champaign, IL: Human Kinetics.

Schmidt, R. A., & Young, D. E. (1991). Methodology for motor learning: A paradigm for kinematic feedback. *Journal of Motor Behavior, 23*, 13–24.

Seligman, M. E. P. (1970). On the generality of the laws of learning. *Psychological Review, 77*, 406–418.

Seligman, M. E. P. (1975). *Helplessness. On Depression, Development and Death*. San Francisco: Freeman and Comp.

Seligman, M. E. P., & Maier, S. F. (1967). Failure to escape traumatic shock. *Journal of Experimental Psychology, 74*, 1–9.

Shanks, D. R. (2005). Implicit learning. In K. Lamberts & R. Goldstone (Eds.), *Handbook of Cognition* (pp. 202–220). London: Sage.

Shanks, D. R. (2010). Learning: From association to cognition. *Annual Review of Psychology, 61*, 273–301.

Shanks, D. R., Green, R. E. A., & Kolodny, J. A. (1994). A critical re-examination of the evidence for unconscious (implicit) learning. *Attention and Performance* Vol. 15 (pp. 837–860). MIT Press.

Shanks, D. R., & St. John, M. F. (1994). Characteristics of dissociable learning systems. *Behavioral and Brain Sciences, 17*, 367–447.

Shiffrin, R. M., & Schneider, W. (1977). Controlled and automatic human information processing: II. Perceptual learning, automatic attending, and a general theory. *Psychological Review, 84*, 127–190.

Shin, Y. K., Proctor, R. W., & Capaldi, E. J. (2010). A review of contemporary Ideomotor Theory. *Psychological Bulletin, 136*, 943–974.

Siegel, S., Hearst, E., George, N., & O'Neil, E. (1968). Generalization gradients obtained from individual subjects following classical conditioning. *Journal of Experimental Psychology, 78*, 171–174.

Simon, H. A., & Gilmartin, K. (1973). Simulation of memory for chess positions. *Cognitive Psychology, 5*, 29–46.

Skinner, B. F. (1938). *The Behavior of Organisms: An Experimental Analysis*. New York: Appleton-Century-Crofts.

Skinner, B. F. (1948). ‚Superstition' in the pigeon. *Journal of Experimental Psychology, 38*, 168–172.

Snowden, P. T., Davies, I. R. L., & Roling, P. (2000). Perceptual learning of the detection of features in X-ray images: A functional role for improvements in adults' visual sensitivity? *Journal of Experimental Psychology: Human Perception and Performance, 26*, 379–390.

Solomon, R. L., & Wynne, L. C. (1953) Traumatic avoidance learning: Acquisition in normal dogs. *Psychological Monographs, 67*, 4 Whole No. 354.

Stadler, M. A., & Frensch, P. A. (Eds.)(1998). *Handbook of implicit learning*. Thousand Oaks, CA: Sage.

Stock, A., & Stock, C. (2004). A short history of ideo-motor action. *Psychological Research, 68*, 176–188.

Thorndike, E. L. (1911). *Animal intelligence: Experimental studies*. New York: Macmillan.

Tinklepaugh, O. L. (1928). An experimental study of representative factors in monkeys. *Journal of Comparative Psychology, 8,* 197–236.

Titchener, E. B. (1910). *A textbook of psychology.* New York : Macmillan.

Tolman, E. C. (1948). Cognitive maps in rats and men. *Psychological Review, 55,* 189–208.

Tolman, E. C., & Honzik, C. H. (1930). Insight in rats. *University of California Publications in Psychology. 4,* 215–232.

Twitmyer, E. B. (1905). Knee jerks without simulation of the patellar tendon. *Psychological Bulletin, 2,* 43.

Unland, H. (2000). Raucherentwöhnung. In J. Margraf (Hrsg), *Lehrbuch der Verhaltenstherapie,* Band 2 (S. 299–308). Heidelberg: Springer.

Verschoor, S. A., Weidema, M., Biro, S., & Hommel, B. (2010). Where do action goals come from? Evidence for spontaneous action-effect binding in infants. *Frontiers in Psychology, 1:201.*

Waldmann, M. (2008). Kategorisierung und Wissenserwerb. In J. Müsseler (Hg.), *Allgemeine Psychologie* (2. Aufl.)(S. 376–427). Heidelberg: Spektrum.

Waldmann, M. R. (2010). Causal thinking. In B. Glatzeder, V. Goel & A. v. Müller (Eds.), *Towards a theory of thinking (pp. 123–134).* Berlin, Heidelberg: Springer .

Wallace, S. A., & Hagler, R. W. (1979). Knowledge of performance and the learning of a closed motor skill. *The Research Quarterly, 50,* 265–271.

Wasserman E. A., Elek S. M., Chatlosh D. L., & Baker A. G. (1993). Rating causal relations: Role of probability in judgments of response-outcome contingency. *Journal of Experimental Psychology: Learning, Memory, and Cognition, 19,* 174–188.

Wasserman, E. A., & Miller, R. (1997). What's elementary about associative learning? *Annual Review of Psychology, 48,* 573–607.

Watson, J. B. (1919). *Psychology from the standpoint of a behaviorist.* Philadelphia: Lippincott.

Watson, J. B., & Rayner, R. (1920). Conditioned emotional reactions. *Journal of Experimental Psychology, 3,* 1–14.

Williams, C. D. (1959). The elimination of tantrum behaviors by extinction procedures. *Journal of Abnormal and Social Psychology, 59,* 269.

Wolpert, D. M., Ghahramani, Z., & Flanagan, J. R. (2001). Perspectives and problems in motor learning. *Trends in Cognitive Sciences, 5,* 487–494.

Wood, B. P. (1999). Visual Expertise. *Radiology, 211,* 1–3.

Wulf, G., & Prinz, W. (2001). Directing attention to movement effects enhances learning: A review. *Psychonomic Bulletin & Review, 8,* 648–660.

Wundt, W. (1874). *Grundzüge der physiologischen Psychologie.* Leipzig: Wilhelm Engelmann.

Ziegler, W., & Hegerl, U. (2002). Der Werther-Effekt. Bedeutung, Mechanismen, Konsequenzen. *Nervenarzt, 73,* 41–49.

Zießler, M., & Nattkemper, D. (2001). Learning of event sequences is based on response-effect learning: Further evidence from a serial reaction task. *Journal of Experimental Psychology: Learning, Memory, and Cognition, 27,* 595–613.

Zimmer-Hart, C. L., & Rescorla, R. A. (1974). Extinction of Pavlovian conditioned inhibition. *Journal of Comparative Physiological Psychology, 86,* 837–845.

Stichwortverzeichnis